爆单：
40 个让客户自愿买单的销售技巧

周胜辉　著

北京联合出版公司

图书在版编目（CIP）数据

爆单：40 个让客户自愿买单的销售技巧 / 周胜辉 著 ;
-- 北京：北京联合出版公司，2019.11（2023.9重印）
ISBN 978-7-5596-3552-5

Ⅰ. ①爆… Ⅱ. ①周… Ⅲ. ①销售－方法 Ⅳ.
① F713.3

中国版本图书馆 CIP 数据核字（2019）第 184430 号

北京市版权局著作权合同登记 图字：01-2019-6382

版权声明：本书中文繁体字版本由城邦文化事业股份有限公司电脑人文化 / 创意市集出版在台湾出版，今授权在中国大陆地区独家出版其中文简体字平装版本。该出版权受法律保护，未经书面同意，任何机构与个人不得以任何形式进行复制、转载。

爆单：40 个让客户自愿买单的销售技巧
作　　者：周胜辉
图书策划：顾光杰
责任编辑：昝亚会　夏应鹏
责任校对：戴文慧
装帧设计：红杉林文化
总 发 行：北京时代华语国际传媒股份有限公司

北京联合出版公司出版
（北京市西城区德外大街 83 号楼 9 层 100088）
唐山富达印务有限公司 新华书店经销
字数 200 千字 880 毫米 ×1230 毫米 1/32 8.5 印张
2019 年 11 月第 1 版 2023 年 9月第 2 次印刷
ISBN 978-7-5596-3552-5
定价：42.00 元

版权所有，侵权必究。
未经书面许可，不得以任何方式转载、复制、翻印本书部分或全部内容。
本书若有质量问题，请与本公司图书销售中心联系调换。电话：010-63783806

推荐序：说服与成交的科学

俗话说："世界上最困难的两件事：第一件事，把自己的想法从脑袋中拿出来，再放进别人的脑袋中；第二件事，把钱从别人的口袋中拿出来，再放进自己的口袋中。"第一件事是 PPT 提案，从思考的混沌状态中理清想法的脉络，之后传递给别人；第二件事是销售，人类社会中最高难度的行为。PPT 提案的目的分为告知、理解、说服三种，销售 PPT 提案属于第三种，同时包括了最困难的两件事：说服与成交。

坊间讨论 PPT 提案、销售、说服的书籍众多，几乎每个月都能看到数十种新书上市。但是从科学层面切入的书较少，大多以国外大学教授的研究著作为主。书海中，能同时结合"销售+PPT 提案 + 科学"三个主题的屈指可数，而胜辉老师的这本著作，正是这样独一无二的组合。

阅读《爆单：40 个让客户自愿买单的销售技巧》初稿时，深深地为胜辉老师的系统与博学所折服。光是把数量庞大的研究结果、专家观点、授课实务，以及个人经历融入书中，就是一件劳心劳力的大工程。书中观点未必新颖，但是经由故事与案例分享，能让人有更深一层的体悟。例如：胜辉老师通过两人分番石榴的例子，解释"双赢"概念的真义，就让我更加厘清真正的双赢并不是彼此妥协，各退一步，而是经由深层理解发现心事，进而达成相互满足。

长期以来，我个人认为书籍总是采取一种奇怪的定价模式——不论是诺贝尔奖得主还是平民百姓，只要能在纸上印上一些文字，不论思考深浅或是专业高低，两者之间的价格几乎相差不多。书籍基本上是依材料成本，而非它的内容价值定价。因此，好书一定要推荐。胜辉老师这本新作，从概念发生到出版成形，历经了多年的思考沉淀，他亦选择此书作为与世界完整沟通的渠道。因为书中的含金量实在太高，即使读者只是随兴翻阅，相信也能有所收获。

台湾商业简报网 / 韩明文

自　序

企业第一线人员出外“打仗”，常常以PPT提案为说服的武器，然而这么好的一件武器拿在他们手上，却不知善加利用，只是把它当成粗糙的展示软件，很可惜！

在看过许许多多经过PowerPoint设计的提案后，我常会发现两种现象：一是以文字方式将企划书内容直接贴上幻灯片；二是将PPT提案当成涂鸦墙，把所有技巧、工具与色彩全部放上去。前者是没学过PPT提案设计技巧的人，后者则是学过但错把PPT提案设计当成设计的人。

PPT提案是整体的，有系统性的，而幻灯片通常只思考应如何设计那一页。如果PPT提案重设计而轻价值主张与架构，会产生下列问题点，这也是销售的致命点，这些没有解决，幻灯片再精美，也是无效的销售提案。

1. 文不对题

主题就如核心价值，你要将这个价值“卖”给听众，如果你的内容与架构不是主题所反映的价值，听众为什么要采取行动购买呢?

2. 架构不当

通常，我们大脑里已经有些架构存在，我们根据这些架构写幻灯片，可惜这些架构都不怎么成熟，所以常常发生前后不一致或重复的现象。

我们都知道房子的结构关系居住的安全，假如结构体偷工减料、地板不平或墙壁空洞，那么，你的设计再怎么美观，材料用得再好，也是一种浪费。毕竟天花板可能坍塌下来，钢筋可能外露，墙壁可能破洞，如此，住得安稳吗？PPT 提案架构就如房子结构，架构逻辑不清，设计就没用。

3. 内容设计过当

至于内容设计方面，通常我们想要把所有设计技巧与工具呈现出来，以至于内容太过复杂超过听众的认知负荷，当然无法让他们认同。

4. 时间规划不均

如果你有 10 分钟规划这份 PPT 提案，你怎么分配时间在数据准备、听众分析、主题内容、架构和设计上呢？我们的资源有限，不可能有无限的资源来做这项任务，但是，我们把大部分时间放在了幻灯片设计上，让幻灯片看起来非常丰富，目不暇接，实际上是过于杂乱，前后不连贯。而重要的主题内容、架构和设计却疏忽了，造成主次颠倒，这样的时间规划是不妥当的。

5. 错把冯京当马凉

就像前面所述，许多人的 PPT 提案只是以 PPT 提案的立场来设计，但你要做的“presentation”（演示汇报）不只是设计幻灯片，还要系统性准备你从数据到上台报告结束的那一段。不要以为 PPT 提案只是“说明”而已，不管你的职务是什么，我们一上台就是业务员，业务员就是解决底下“客户”的问题。所以，规划 PPT 提案开始就要思考，我这份 PPT 提案到底是帮谁解决什么问题，为什么听众会认为我的方法很好。如果没有做好准备，还是不要上台为妙。

PPT 提案的价值主张是重要的，价值主张是 PPT 提案的核心，简单易懂的主张也反映在你的主题（标题）上面，幻灯片没有说明或解决标题所带来的问题点，你的架构再怎么完整，设计再怎么完美通通没用，只会成为失败的 PPT 提案。

虽然我这本书是以销售的立场来阐述的，但对一般的知识工作者也非常实用。当你一上台，就是要说服底下的听众，不管这群人是你的同事、上司、同学、客户或其他人，你都要让他们会后采取你的方案并行动。

这本书是时隔多年才出版的。在二十几年来从事市场营销、销售与 PPT 提案的工作中，我发现了学生或同人的许许多多问题点，于是将这些年来的研究与教学成果集结成册出版。这本书融合“市场营销”“销售”与“PPT 提案”技巧，并说明如何系统性与整体性地来设计与规划 PPT 提案。

这些日子以来，受到出版社、朋友与家人的鼎力协助，善人过多，就不一一列举了，在此向这群付出的人献上诚挚的敬意。

周胜辉

目 录

第一部分 洞悉客户篇

1-1 销售，你好我好大家好才好 003
1-2 成功的销售是一门交换的艺术 006
1-3 客户都是原始人 010
1-4 不去刻意指引，就不要怪客户记不住重点 015
1-5 善用这些科学知识，让客户跟着你的思路走 020
1-6 让客户记住你，才有成交的机会 028
1-7 不是你给客户什么，而是客户想要什么 040
1-8 简单四步骤，说服你的客户 044
1-9 痛点 123，让客户急着买单 049
1-10 从今天开始，联系建立有效的客户探询机制 052
1-11 好处说了一大堆，为什么没用 060

第二部分 规划提案篇

2-1 没有规划，你的提案就没有意义 067
2-2 如何提升提案的高度与挖掘提案的深度 069
2-3 做出次序：杂乱的论点只会让客户一头雾水 076
2-4 你才是 PPT 提案最关键的元素 078

2-5 精致化 PPT 提案：不要让客户的大脑超载了 082
2-6 99% 的人犯的错误：条例式内容 088
2-7 比起设计，更关键的是核心价值 090
2-8 卖家多的是，如何让客户只向你买 094
2-9 如何简单地提出你的价值主张 096
2-10 这 10 个关键词，客户听到就会买！ 100
2-11 规划逻辑，让论点更有力！ 106
2-12 如何描述有力的论点与结论 111
2-13 改变提案流程就能改变客户决策 119

第三部分 PPT 提案设计篇

3-1 设计师反而会搞错的 PPT 提案设计原则 131
3-2 改变 10% 的文案，改变 100% 的销售业绩 143
3-3 一流销售员是如何精炼 PPT 提案的 153
3-4 如何活用示意图取代文字 165
3-5 PPT 提案中图表的设计原则 172
3-6 柱形图、折线图、饼图、条形图设计原则 176
3-7 PPT 提案中表格的设计原则 184
3-8 PPT 提案中图像的设计原则 191

第四部分　销售语言篇

4-1　打开客户情绪锁的 7 种语言技巧　201
4-2　最佳销售语言，就藏在你的身体里　212
4-3　这几句销售“必杀技”，有理又动心　223
4-4　抛出诱饵，消除客户的抵触心　230
4-5　善用“对比”创造客户的购买捷径　235
4-6“推荐”让客户的选择有靠山　239
4-7　别让客户选择，你帮他选择！　250
4-8　提案的最后，号召采取行动　254

第一部分

洞悉客户篇

上台演示 PPT 提案、业务提案的目的不是只做出“PPT 提案”，而是要“说服客户”“解决客户的问题”，并希望“客户可以接受你的论点并采取行动”。

如果你的目的不是希望客户改变想法的话，那么，这份 PPT 提案就没什么意义，倒不如发消息给他们就好，免得浪费彼此时间。所以，了解客户需要什么，再来规划 PPT 提案与销售提案，才是我们优先要做的任务。

1-1

销售，你好我好大家好才好

找到销售业务与客户间真正的公平

客户来到你的会场听你的 PPT 提案，会看到你的说服论点、你的肢体语言、你的脸部表情、你的 PPT 提案内容，还有整个环境与流程。客户会因为这些因素是否感动他们，进一步来讨论彼此的共同点与差异点。

那么，要怎么设计自己的论点、肢体语言、表情与 PPT 提案内容呢？这些都有赖于我们了解客户的心理，期望一方面能解决他们的问题，另一方面也能达成我们想要的提案目标。

对话关键：让双方都觉得自己赢

其实不只是 PPT 提案现场，就算是一对一的销售对话也一样。

在销售的过程中，业务员与客户沟通交易的内容，业务员必须通过对话了解客户的需求，客户也倾听对话是否符合自己的期望，最后才完成交易。

双方的对话之间，有种平衡，就是客户与业务员两者都要相信自己能赢得这场交易！彼此双赢的结果，才能让双方都愿意成交，也才能皆大欢喜。

什么是真正的公平

遥想当年还是三家电视台的时代，港剧正在流行，台湾老百姓迷恋楚留香，港星也随之大批来到台湾。我记得有位港星董玮也来台拍了一部电视剧，名字是《魔鬼树》。

虽然已经过了二十余年，我还依稀记得一些剧情，讲的是一位有钱人的小孩很叛逆，老爸希望他继承家业，可是他偏不听，跑去当修车师傅，结果他老爸气得要命，其他兄弟姊妹却样样听老爸的话，只是各怀鬼胎。结局是老爸将大部分遗产分给这个叛逆小子，他的兄弟姊妹感到不可思议，因为他们总是认为这小子不孝，所以不应该分家产。这个叛逆小子听到遗嘱之后，也觉得老爸不公平，因为老爸把爱给了兄弟姊妹，却把遗产给了他，没有爱，但是他想得到老爸的爱 。

假设这位老爸只有两个儿子，老大与这位叛逆小子老二。老爸考虑三种财产分法：

1. 财产与爱都是一人一半。

2. 老大得到老爸的爱，老二得到全部财产。

3. 老大得到全部财产，老二得到老爸的爱。

我想大部分的人会认为一人一半才是公平的，但真的是这样吗？

当初看这一出剧的结局时，我年纪还很轻，不懂为什么叛逆小子喜欢得到父亲的爱胜过遗产。

有一次我问班上的同学，如果要将一颗番石榴分给两个人，如何分会比较公平？同学的答案有：切的人分比较多的，一人一半，打成果汁分成同样分量的两杯，卖钱后对半分，还有人说自己不要，全部给对方……答案很多，很难说哪一个比较公平。

按照一般的解释，公平就是一人一半，但落在真正的买卖情境时，又不是如此。

我们看看《魔鬼树》的结局，叛逆小子已经得到遗产，照理讲应该很高兴，可是他只想得到老爸全部的爱，也就是说，这是他的需求。如果我们按照一般的常识推理，当然是实质的金钱比较重要吧！爱太过于抽象，看也看不到，摸也摸不着，而且不能兑换，有什么用呢？但结果他却需要这种心灵的东西。

客户想要的不一定是金钱或数量，也可能是某种价值！

番石榴怎么分才是公平的？

从这部电视剧的主角可以了解，一人一半或得到全部，对他们来讲显然不太公平，所以一人一半的公平是不符合个人想法的假公平。假设这颗番石榴要分的时候，应该“询问大家各需要什么”，可能一个人需要果核的部分，另一个人需要外面的果肉，这样的分法，两个人各得所需，皆大欢喜。换言之，如果这位老爸在立遗嘱时，询问他们的看法，或许这群儿女会满意老爸的分配。

真正的公平，是满足每个客户不同的需求。

1-2

成功的销售是一门交换的艺术

成功的销售，要换成长久的信任

销售有一种很高深的艺术成分存在，也可以说是一种交换的艺术。

例如：咨询公司的讲师以知识跟学员的学费交换。汽车公司以车辆跟消费者的资金交换。

知识是无形又抽象的，车辆是有形又具体的，业务员拿这些不管是有形还是无形的产品与客户交易时，只是得到客户付出的有形费用而已吗？

当然，有经验的业务员不会这样认为，当这些业务员收到客户的金钱时，交换出去的，除了有形钞票，还伴随无形的“信任”。

我们常常认为具体的，容易操作；至于无形的，看不到、摸不着，这就是业务员头痛的地方！

业务员喜欢用的哀兵政策为何无效

庄子的寓言曾提到，有一次他家已经没米了，想到隔壁有个官人，就跟他借点粮食，这位官人答应了他，不过有个条件，就是等收到租税之后，才能借米给庄子。庄子一听，就说：

“昨天我走在路上，看到一条鱼躺在干枯的水沟里，它请求我给它一桶水，我跟它讲，我要去西江，那边的水非常丰沛，等我把水引来之后，你就能活命。然而，这条鱼听到之后，不但不高兴，反而很愤怒地说，等你将水引来之后，你干脆到菜市场的鱼铺上找我吧！”

面对一开始不愿立即交换的官人，庄子拿什么跟他交换呢？

有形的东西庄子是没有的，无形的东西是引起对方的恻隐与怜悯之心；官人跟他交换的实质是粮食，当然还包含信任，因为借你粮食，也不知道你会不会还、多久会还等的问题。或许，在这位官人的经验中，庄子从来没还过，所以，他只好用“拖延战术”来拒绝庄子的请求。

这时候，庄子用枯鱼之肆的寓言来说服对方，而这段故事的隐喻性很强，只是没有后文，也不知道官人有没有动了怜悯之心而借米给他。

当然，庄子不是业务员，但是，从庄子的书中我们可以知道，他一直在推销他的理念，希望别人能了解人生的道理。

这个寓言让我想到，庄子很急，但是官人不急，官人想要慢慢来，有强烈需求的是庄子，而不是官人。这是不是很像业务员的状况？

业务员常常被公司的业绩压力压到难以喘息，被迫要跟客户要求订单，不然这个月会很凄惨，下个月可能会被开除。但是，这样客户就会启动怜悯之心吗？话又说回来，是不是客户常常听到其他业务员的悲哀的叫声呢？如果是这样，客户怎么可能启动怜悯之心呢？

总归一句话，虽然业务员想用无形的东西去跟客户换，但如果跟客户之间缺乏信任，那么无形的东西是不可能成为交换筹码的。

产品之外，业务员还应该拿什么跟客户交换呢

前面说到，双赢不是一人得一半，也不能利用哀兵政策。

客户需要了解你跟你的产品有没有符合他的需求，需求是要“问”出来的，也需要去“分析”，更需要让客户听到“能证明会得到利益”的销售语言。不管是具体的利益，还是无形的情感利益都要包含在内。

销售语言三要素：

询问、分析、包含利益。

除了产品，我们还有什么可以跟客户交换呢？我认为，以重要程度来排序依次为“情感触发”“成功故事”“数据比较”与“未来愿景”。这些都可以作为交换的内容。

＊情感触发

我们对情感的购买欲是非常强烈的，你跟客户的联系如果有情感的加持，将会提升对方的认同感。

＊成功故事

客户最怕购买之后的风险，那么，如果我们有许许多多跟其他人合作的成功经历，将会激励客户的购买意愿。

＊数据比较

数字是很具体的，可以作为强烈的对比，客户也会立刻了解其中的差异，所以有数据的辅助，会提升产品的说服力。

＊未来愿景

提不出上面的销售语言，至少也要提出公司或产品的愿景，虽然未来愿景有点抽象，但是至少能让客户了解我们是拥有长久经营战略的企业。

业务员其实就是客户最好的顾问

不管如何，要成为一位优良的业务员，你将产品卖给客户不是拿到客户的货款就结束了，你必须要有长久的经营之道。

而长久之道也就是你赢客户也赢，成为客户的顾问，结交为永久的朋友。

如果你赢了，对方感觉输了这个交易，你想他可能成为你永久的朋友吗？他还会找你咨询产品或服务的问题吗？反之，你输了，客户赢了，你还有可能继续生存下去吗？我想，这两种状况都不是我们所愿意面对的，我们必须深入思考如何双赢才对！

1-3

客户都是原始人

客户倾向于逃避风险，维持现状，不愿改变

业务员的 PPT 提案或说服文案，都是在推销自己的理念与观点，这是一种交换过程，就如上面所言，我们彼此要双赢，双赢的一个关键点是“了解对方的需求”。

我们以观点或产品与客户交换，客户可能付出金钱、时间、劳力或权力等，来换取我们的产品、服务与观点。

作决策是一项很复杂的心理过程，然而有一种现象，就是人们会认为他们目前所拥有的产品是很珍贵的，所以习惯性地将产品的价值提升很多，这被称为原赋效应。

传统经济理论认为，人们取得产品与失去产品所愿意付出或取得的价值应该是一样的，也就是自己是买者或卖者时，对产品的价值认定是没有差别的，所以产品应该会有“正确定价”。但真的是这样吗？

原赋效应否定了这种观点，这跟我们实际的认知也是有误差的，诺贝尔奖的获奖学者丹尼尔·卡尼曼[①]（Daniel Kahneman）也否定这种认知，因为一旦我们拥有某个东西后，对这个东西的评价将会不自觉地提升。

---

① 丹尼尔·卡尼曼：拥有以色列和美国双重国籍的心理学家。由于对展望理论的贡献，获得 2002 年诺贝尔经济学奖。

卖方与买方为什么对产品有不同定价

原赋效应会制造下面的问题。

卖方（演讲者、业务员）总是认为他的产品（具体或抽象）是非常珍贵的，世间少有，所以他总以为这个价值应该是高价位；但买方认为这个产品没什么，也没有独创性，随便找就好了，所以他以为这个价值不高。

这中间产生的价差，造成人们习惯“策略性的议价”。

原赋效应的产生

另外，有学者认为价差是来自卖方对拥有产品的不情愿付出（所以提高售价），而不是买方对采购产品的不情愿。

为什么会有原赋效应产生呢？学者们认为有两个因素：

- **情感依附**（Emotional Attachment）
- **认知观点**（Cognitive Perspective）

所谓情感依附是人们一旦拥有产品，便会习惯将个人的情感放入产品中，所以，一旦失去这样的产品会产生不适应感。

而认知观点是彼此对交易进行的观点差异认知，买方会在意金钱、风险等，卖方则在意损失的情感感受[①]。

那么，原赋效应会产生什么后果呢？

原赋效应导致买卖双方在价值判断上的非理性落差。

为什么会产生非理性决策

丹·艾瑞利（Dan Ariely）在《谁说人是理性的！》一书中指出：“大部分的人对人性所秉持的基本假设，也就是我们有能力为自己做出正确决策……但是打从心底赞赏人类能力和假设人类具备完美理性能力，二者有很大差距……人类不只是非理性的，并且其非理性是可预测的，也就是我们的非理性行为会一再重复出现。”

塞勒（Thaler）首先提出：原赋效应是人们交易所产生的心理偏差，也就是我们拥有某些物品的心理因素导致对价值判断的误差，所以有了非理性决策[②]。这些非理性通常是我们心里的一把尺，在我们议价之前已经出现，而客户心中的这把尺通常跟情感因素有关。

卡尼曼与特沃斯基（Tversky）认为情感会影响人们如何评估物品。所以从情感了解有两个因素：

---

① 参考论文《何时损失大于收益？》(*When Do Losses Loom Larger Than Gains?*)。

② 参考论文《顾客选择积极理论》(*Toward a Positive Theory of Consumer Choice*)。

1. 与决策有关的情感，通常是因为推销、广告、品牌所引发的。

2. 与背景有关的情感，与决策无直接关系，如心境、劳累等。

他们认为，情绪不仅影响购买决策的设定，还会影响决策设定后的评估[①]。为什么客户不会被轻易打动？

人们处于舒适圈之中，也就是在自己习惯领域的范围之内，面对改变的时机时，人们倾向不愿意改变，就是保持现状。我们称为维持现状偏误（Status Quo Bias）。

我们总是有损失趋避（Loss Aversion）的心理，也就是规避风险产生原赋效应，所以，卖方想要提高价格，而买方希望越低越好来弥补已知或未知的风险，当然双方如果没有人愿意牺牲，也就是卖方没有足够情感涉入或说服论点时，交易就会取消。

双方在交易过程中，都倾向维持现状。这个因素也暗示人们有抗拒改变的习惯或者惰性。这也说明演讲者或业务员的“感性涉入”与“理性论点”必须达到满足客户的需求，否则客户将打心里不喜欢改变，因为他们并不急于下决定。

卡尼曼也认为不容易从理性角度证实这三种现象：“原赋效应”“损失趋避”和“现状偏误”。

原赋效应与现状偏误都是源于损失趋避。所以，我们可以知道客户在未知之下，习惯规避风险，习惯处于舒适圈之中，因此，你要改变他，很难。毕竟，他认为现在所拥有的（物品、经验、环境、方法、金钱）是无比珍贵的，除非你能“让客户认为风险

---

① 参考论文《展望理论：风险下的决策分析》(*Prospect Theory: An Analysis of Decision Under Risk*)。

降到最低、进入别的领域也很舒服，还有足够的资源交换”[①]。

你必须从客户观点了解他们的非理性

前面我们说明什么是双赢，就是了解客户（听众）的需求，我们在 PPT 提案上的论点（供给）不一定是客户所需要的。

丹尼尔 · H. 品克（Daniel H. Pink）[②] 指出：

“观点取替（Perspective-taking）是今日影响他人最重要的基本特质，是一种认知的能力。”观点取替是一种走出自身的经验，站在他人的角度（情绪、观点与动机）思考，感受与推断他人想法的思维方式。这也是我们 PPT 提案互动顺利的原因。

---

① 参考论文《异常：原赋效应、损失趋避和现状偏见》（*Anomalies: The Endowment Effect, Loss Aversion, and Status Quo Bias*）。

② 丹尼尔 · H. 品克在《未来在等待的销售人才》一书中指出，在销售中我们常要说服别人时，却忘了客户想要的是什么。

1-4

不去刻意指引，就不要怪客户记不住重点

你的客户比你想的缺乏注意力！

有一次我走在一条繁华的街上，那条街上有点嘈杂，但是我的眼睛还是注视着前方。突然间，前面有人走过来拍我一下，我着实吓了一跳，原来是多年不见的朋友。

事后，我非常纳闷，这位朋友虽然多年不见，但是他的外表与脸孔几乎没有变化，我可以确定我隐隐约约看他走过来，却等他打招呼之后，才注意到他。

没有你的指引，客户会忽略眼前的事物

克里斯托弗·查布利斯（Christopher Chabris）与丹尼尔·西蒙斯（Daniel Simons）合著过一本《为什么你没看见大猩猩？》。在 YouTube 网站上可以看到他们的实验，实验里有一群人想要传球，影片显示出一个问题，要你计算穿白衣服的人互相传了几次球。当我们回答次数之后，它问你有没有注意到画面的变化，结果有 50% 初次看影片的人没有看到影片中有大猩猩！即使看到，也没注意到有一位穿黑衣服的人离开，后面的布帘已经改变颜色。

我以此实验影片在课堂上测试学生的反应，发现很多人都没

看到猩猩，脸上充满困惑的笑容。也发现男性比较专注，而女性观察力更强。

人们在专注或受到干扰时，常常忽略我们视线内的变化。

苏珊 · M. 威辛克（Susan M. Weinschenk）在她的书《更了解“人”你才知道怎么设计！》中提到：“早期阿尔弗雷德 · 雅布斯（Alfred Yarbus）所做的研究显示，人们看东西时被询问问题会影响人们注视的焦点。”①

所以，在 PPT 提案中，或是在说服客户的过程中，出现新影像或新信息时，业务需要暂时停住，如果客户一边听你说话，一边去解读信息，他们就会受到干扰。在客户专注力过去之后，演讲者必须适当地指引 PPT 提案，否则客户会忽视某些关键线索。

不要奢望客户对你内容的主动注意

注意力是一切心理活动的开端，我们通过注意将感官感觉到的信息传入大脑解读，而有九成的感官感觉通过视觉接收。

从婴儿时期开始，人们就会观察母亲的脸孔并追踪眼神，所以，直到长大，我们习惯于用眼睛来感受我们所处环境的变化。杰瑞·魏斯曼（Jerry Weissman）在他的著作《PPT 提案教主教你的 80 堂说服课》中指出：

“投资人希望与高级主管见面，握到他们的手，直视他们的眼

---

① 参考论文《眼动与视线》（*Eye Movements and Vision*）。

睛，跟他们直接互动。”

客户不是想要罐头式的 PPT 提案，他们需要活生生的情绪感受，尤其是眼睛的注视与引导，教他们怎么专注去找到关键问题。

当然，我们每天所接受的信息太多，所以，我们会摒弃一些不重要或不相关的信息，唯有得到关注的信息，我们才能在大脑里面加工与处理，进一步地进入我们的长期记忆里。

这样来看，客户对大量信息的处理也是一样，如果你无法引导他们去专注重要信息，他们就会永远忽略。

价值引导客户的注意

当我们看到一个对象时，我们的大脑会进行转译，将它转成心理概念并加入其他意义。

例如：你看到桌子底下伸出毛茸茸的东西并在那里摇曳着，你并不会害怕，因为你知道这是你家的小狗，你并不会认为这条尾巴连着一只老虎。

心理学家把这个大脑转译的过程称为基模（Schema）。科迪莉亚·法恩（Cordelia Fine）在《住在大脑里的八个骗子》中提到：

“基模是心灵文件系统。认知科学家主张，我们从世界上所学到的每一件事情，几乎都被妥善地整理成基模。基模是我们大脑用来组织信息，并将信息予以分门别类的文件系统。”她还认为：“基模提供了从环绕我们身边的世界撷取和诠释信息的快速方法，以便组织有用的类化，并且制造必要的预测。”

从这些解释之中，我们可以了解我们将所学的知识分门别类储存在大脑里，所以我们看到某样东西时，就可以联想某些对象或触发某种情绪。

例如：我们看到玫瑰就会触发记忆中的甜蜜气氛，看到蛇就会引发恐怖的情绪。我们会联想并加入其他的意义。

在 PPT 提案中，如果不能引起客户的注意力，就谈不上其他重要的意义。但哪一种销售语言会引起客户的注意呢？我们在本书后面的设计篇与语言篇会详加说明，这里我们先谈谈如何通过 PPT 提案与说服内容的“价值”，来引起客户的注意。

菲尔·巴登（Phil Barden）在《营销前必修的购物心理学》中提到：“价值会驱动注意力的方向。”

什么是价值呢？因人们的需求而异，例如：肚子饿了，你会关注食物的字眼、标签、品牌、形象之类。所以客户所联想的会是客户注意力的焦点，而联想的源头来自“客户的需求”。

所以，我们会把目光聚集在我们想要的东西上，能够解决客户的问题越多，价值越高，想办法了解客户的问题点并扩大问题的痛点，客户自然想要倾听你的声音。

客户喜欢联想，容易自行推论

V.S. 拉玛钱德朗（V.S.Ramachandran）和桑德拉·布莱克斯利（Sandra Blakeslee）在他们的合著《寻找脑中幻影》中讲道：

“人类的视觉系统有惊人的能力，能对眼睛产生的破碎和瞬间的影像做合理的猜测。”

我们的大脑会填补颜色，也会重建物体的连接空隙。拉玛钱德朗认为，我们眼睛的视网膜有个盲点，这个盲点被背景一样的颜色“着色”了。这就是自动填补作用。

捷尔德·盖格瑞泽（Gerd Gigerenzer）在《半秒直觉》中提到：

“大脑根据周遭的信息，推论出最佳臆测……这些推论也在无意识中进行，我们的大脑不得不针对外在世界进行推论。若非如此，我们将只能见树而不见林。”

人们所知的实在太少，所以，我们面对不充分的信息时，根据基模来进行推测！

因此，作为 PPT 提案的演讲者或业务员就必须注意与利用这些事实，不充分的信息容易让客户进行推论，所以，我们的信息必须有逻辑与充分的理由，不然客户会以自己的认知来判断，结果可能与我们所要的目的相距甚远。

1-5

善用这些科学知识，让客户跟着你的思路走

如何引起并善用客户的注意力

客户会自己筛选信息，而且过目即忘

有一次我在授课的时候，一共七十几个同学，后面同学距离太远，所以我也不知道到底有没有听讲，但是我可以确定前面几排同学很聚精会神地在听我讲课。

突然间，我想要给前面同学加点分数，点名了一位同学，请他解释刚刚我讲的商业名词是什么。结果他竟然答不出来，我只好再点另外一位同学，也是一样。

我们是不是有这种状况，即使看过也一下就忘了。跟别人聊天也是一样，全然忘了我刚刚跟他到底说了些什么。

我们每天收到外界众多的信息，感官接受这些刺激之后，进入了我们的大脑，大脑要处理这些庞杂的信息却是有困难的。威辛克认为，人们每秒收到 400 亿个感官信息，一次可意识到 40 个信息。

但是大脑只占身体 2% 的重量，却用掉 20% 的总能量，如果人们对每个信息都处理的话，我们将耗尽所有的精力。

你想想看，如果早上想要到 7-11 便利店买早餐吃，你看到冷

藏柜上有几百种的饮料，你对光泉牛乳品头论足一番：500 毫升，有什么营养，价格多少，对我有什么功效；这是统一酸奶，里面有什么……在你每一种都要思考一段时间之后，我想，你就会筋疲力尽，整天都不用工作了。

善用客户的选择性注意力

或许你会认为吃早餐是一天能量补充的开始，所以很重要，必须精挑细选，耗点心力无所谓。那么，如果你走在路上看那些广告招牌，就停下来分析这个广告的图样与文字的功用的话，我想你会当场瘫痪在那里，毕竟这些信息太多了，你没有采取筛选，大脑就会爆炸。

大脑为了能更有效地处理信息，所以会过滤或忽略不想要或不重要的，这种与生俱来的抉择能力可以称为“选择注意 ”。

心理学家唐纳德 · 布罗德本特（Donald Broadbent）把注意力比喻为过滤器，它会过滤大脑所不需要的东西。

而且注意力的容量是有局限性的，通过这个管道之后，大脑才能进行更精细的语义分析。强大、醒目、突显、低门槛或具有个人意义的东西会通过过滤器进入大脑。

客户的注意力有容量限制

假设没有一个过滤机制的话，任何信息都能随时随地进入大脑里，我们将会产生认知负荷超载（Cognitive Overload）的现象，最后，我们也无法适当地处理这些刺激。如果同时感觉到那些强大、醒目或突显的信息，是否每个都会引起客户的注意？那可不一定，虽然说我们一次可意识到 40 个信息，但终究引起我们关注的只有 3~5 个而已！

所以，在面对客户销售时，客户在阅读与理解 PPT 提案的过程中，并不是一个字一个字读取，而是一个图像一个图像加工处理。每个人的处理容量因人而异，但是我们可以了解客户一次大概只能注意 3~5 个项目。

所以，如果我们只是列出条例式项目，也不要超过这个局限，如此才能引起客户的注意并进入大脑分析。

人们只能关注 3~5 个项目

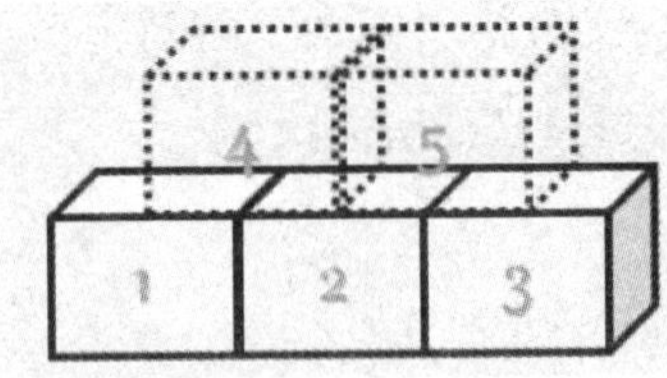

客户的注意力有时间限制

当然，在注意力方面，除了对象属性（强大、醒目或突显）、数量（3~5 项）之外，还有一项必须了解的，也就是客户注意力时间的维持。

约翰·麦迪纳（John Medina）认为客户注意力能够维持 10 分钟，而威辛克认为人们最多专注在 PPT 提案上 7~10 分钟。知名的 TED 限定 18 分钟的提案时间，也是认为 18 分钟已经到了人们注意力的局限。当然，可以利用活动的方式，PPT 提案 10 分钟之后，再以活动来刺激客户的感知，否则客户会感到无聊，注意力会降低，对 PPT 提案内容的吸取也会减少许多。

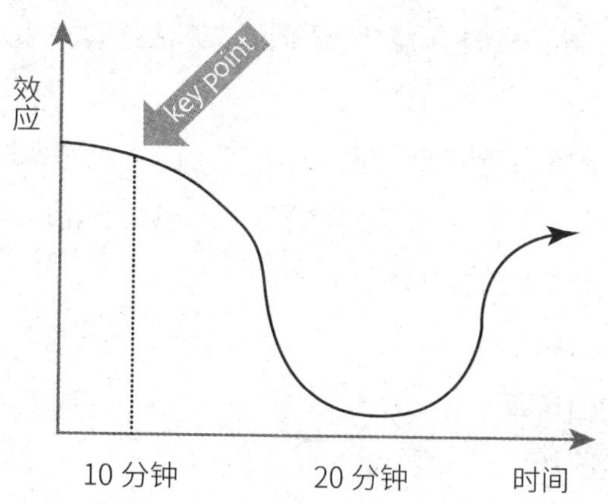

引发客户注意力的技巧

要说服客户就必须让他们知道演讲者在讲什么，那么，在这之前，客户必须注意演讲者的论点才有可能进入那个狭窄的信道形成记忆。

麦迪纳认为一些营销专家已经非常熟悉这种技巧，一些“不寻常”“无法预测”或“特殊东西”都是抓住注意力最有力的工具。

十几年前，我在敦化北路与南京东路路口看到一栋大楼竟然有一台福特汽车挂在墙上，还有驶过的痕迹，我觉得非常惊讶，看过一次就忘不了。这符合“不寻常”“无法预测”或“特殊东西”的性质，抓住了我的注意力。

但是，那时我已经有汽车了，所以这个广告并不符合我的需求。有了注意力，没办法打动客户需求，就无法让客户采取行动，也是没用。

不管对象属性是强大、醒目或突显，还是“不寻常”“无法预测”或“特殊东西”，都是很抽象的解释。威辛克比较具体地指出，最能抓住目光焦点的有 5 项：

1. 会动的东西
2. 人脸图片
3. 食物、性爱与惊险图片
4. 故事
5. 响亮的声音

在进化的过程中，我们从海里的生物爬上陆地开始进化，因此我们大脑跟着进化而演进，渐渐地，我们发展成“三个脑”：

＊爬虫脑

后脑与脑干的地方，负责生存部分，爬虫类就有，也称为古脑或后脑，是管理生命的地方——呼吸、心跳、睡眠。它时时刻刻保持运作，自动反应。

＊哺乳脑

脑中间的地方，负责情绪部分，是处理作战、进食、避免危险，控制感觉的塔台，很多哺乳类动物都有。其中有个杏仁核是情绪中心，快乐、痛苦、害怕、愉悦等都是它在感应，也被称为边缘脑。

＊新皮质

最上层有皱褶的地方，处理理性的信息，负责语言、视觉、记忆等，思维逻辑反应。

爬虫脑负责生存，所以它会侦测环境——这个危险吗？它可不可以吃？现在能不能交配？因此，进化的结果造成我们将注意力放在这上面，渐渐往上到达边缘脑与新皮质层。用大脑的结构去洞悉客户注意力的源头，准不会错。

千万不要让客户觉得无聊

人们的注意力在集中 10~20 分钟之后就开始走下坡路。在 PPT 提案中，单一刺激容易让客户适应，也容易让人觉得枯燥乏味。但我们却可以用超过 1 小时的时间看电影或舞台剧节目却不会觉得累，有时还意犹未尽，你应该知道那是因为电影或节目的故事内容与节奏不断转变，高潮迭起，通过这些情节与元素持续性刺激客户的大脑，吸引注意力。

所以，用 PPT 提案说服客户和讲故事时，布局、画面的单一性是造成客户注意力走下坡的原因之一。

我们的 PPT 提案除了关心客户的需求，也要在这方面着手，在后面章节，我们会更详细解释如何设计幻灯片来引起客户的注意力。

只让客户注意了还不够！了解警觉—导向—执行的过程

迈克尔·波斯纳（Michael Posner）提出注意力网络功能是大脑有 3 个架构互相融合，包含：

1. 警觉性网络（Alerting or Arousal network）
2. 导向性网络（Orienting network）
3. 执行性网络（Executive network）

我的房间常常会有昆虫飞进来，平时我不以为意。有一天晚上我正在桌上打报告的时候，整个心思都放在计算机上，突然，我听到从我后面的窗户传来一阵拍打的声音，有一个物体飞到我右上方（启动警觉性网络），我的眼睛移到刺激物上，看着那个物体（启动导向性网络），当时我根本不知道它是什么东西，我拔腿就跑，顺便把门关上，很怕它追上来（执行性网络）。

后来，我打开小门缝看看这到底是什么东西，原来是一只小鸟，于是，我用一根棍子引它飞到室外[①]。

警觉性网络就像是雷达一样，随时注意周遭环境；而导向性网络让我们了解到底是怎么一回事，使我们大脑判断应该怎么办；接下来执行性网络是实际反应，也就是行动步骤。

当客户被你所设计的 PPT 提案吸引之后，记得要告知客户应该采取什么样的步骤，引导他们的执行性网络，否则客户的行动会与我们的期望不符。

---

① 约翰·麦迪纳在他的《大脑当家》里描述过这种状况。

1-6

让客户记住你，才有成交的机会

客户的记忆影响销售 PPT 提案的成败

之前台湾发生过有史以来最严重的地铁杀人事件，有一位乘客在地铁到站之后乘车，他一进门，就看到车厢的地上都是血，事后，他认为这个画面永生难忘。不只是他，其他在车厢遇到这个事件的乘客也有这种感觉。

隔了不久，大家还对这件事记忆犹新之时，有一位患有自闭症的青年，因为玩计算器不小心触碰到隔壁乘客，就被人指控有攻击的倾向。事后查证，这位青年有数字的天分，可以记住非常多很久以前的事情，却很难控制肢体，也不太在乎别人的感觉，所以才造成这种遗憾的事情发生。

我记得一部美国电影《雨人》（*Rain Man*），达斯汀 · 霍夫曼（Dustin Hoffman）所饰演的自闭症患者记忆力超强，当汤姆 · 克鲁斯（Tom Cruise）所饰演的弟弟在餐厅弄翻了牙签时，霍夫曼就能算出地上有多少支牙签。

一般人记不住也容易遗忘

我们的记忆有登录、储存、提取与遗忘四个层面。

通常我们将记忆只设定在提取部分，例如：我记得昨天到卖场买了一只烤鸡放在冰箱里。地铁杀人事件中，那些当事者对事件发生后所看到的画面一辈子也忘不了。雨人对所有事情也是过目不忘，或者对数字的敏感度很强。但是大部分人对早上吃了什么东西却忘得一干二净。

可见我们的大脑对什么事情该记得、什么事情该遗忘有一定的规则。

说到记忆的研究，不得不提到赫尔曼·艾宾浩斯（Hermann Ebbinghaus）这位学者，他认为 30 天之内忘记 90% 课堂所学，几小时之内，忘记大部分的信息，这被称为“遗忘曲线”。

每隔一段时间提示会加强记忆

不过艾宾浩斯还发现“重复信息”可以增加记忆，重复越多次，记忆功能越强大，还有每隔一段时间重复，会比一次性重复多次还有效。

所以在 PPT 提案或销售说明中，我们当然不可能要客户背诵我们所准备的信息，但是我们却可以运用这些规则：“间歇性重复说明或提问某些关键词”，让客户的脑海一直出现这些信息将会强化客户的记忆。

如果你的信息搭配简单的图片将会如虎添翼，客户会后绝对能记住这些重要的信息。

感官运用得越多，记忆力越强

艾伦·帕维奥（Allan Paivio）曾提出双重代码理论（Dual Coding Theory），是说人们对信息的接收是通过视觉与语言两条独立并相关的通道。

人们通过眼睛所看的与耳朵所听的信息来辨识意义。眼睛看到的，称为视觉通道，信息包含照片、图画、表格等；而耳朵所听到的，称为语言通道，例如演讲者在台上的叙述，至于眼睛所看的文字，也会通过语言通道传到大脑解析。

- **语言通道：销售的文字内容。**
- **视觉通道：照片、图画、图表。**

业务员利用幻灯片或文案将信息传给客户，然后通过口述方式跟客户解释幻灯片的内容。也就是客户一进会议室就开始接受信息，这些信息通过感官，包含视觉、听觉、嗅觉、味觉与触觉等进入大脑来进行解析，这时候：

“客户的感官用得越多，记忆力就越强。”

客户必须通过短期记忆才能记得住

这些历程可以区分为 3 个阶段：感官记忆（感官登录）、短期记忆（工作记忆）与长期记忆。

威辛克认为，我们每秒接受几百亿个感官记忆，但是一次只能意识到 40 个信息。所以感官记忆能记忆无限大，可惜的是，记忆时间太短了，只在 3 秒钟以内。

巴德利（Baddeley）认为，短期记忆又称为工作记忆，是我们接受大量的信息后对阅读、逻辑、运算等复杂的作业进行短暂储存与处理的过程。人类的工作记忆是有限的，大量的信息通常进不了短期记忆，在短期记忆就被排除掉，以至于我们无法记住全部的信息，克里夫·阿金森（Cliff Atkinson）称之为针眼现象[①]。

所以，大量信息超过我们所能记忆的，而形成认知负荷超载，也就是超过工作记忆所能承受的信息容量。

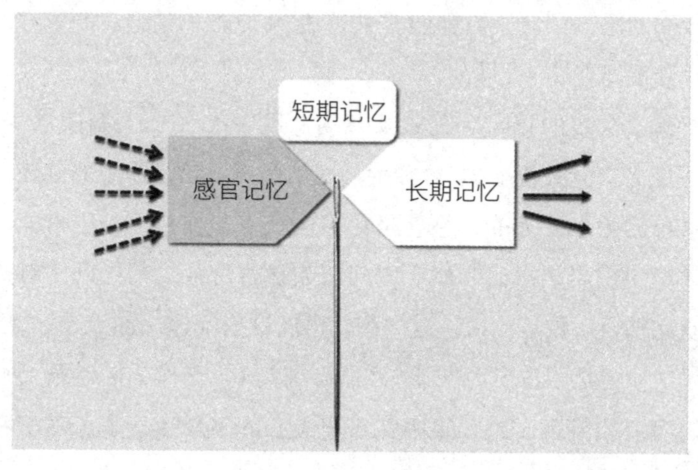

① 克里夫·阿金森在《PPT 提案演示构思、设计、应用》中提出的观点。

要让客户注意并被打动，才会被记住

我们无法让客户像雨人一般记住所有事情，但是应该有办法让客户把重点放入工作记忆并形成长期记忆。

我们可以利用一些方法来强化客户的记忆。就像我们前面所说的，一般在几小时之内，就会遗忘大部分在开会时 PPT 提案或对话中的内容，客户如果记不住，就是没有通过客户的短期记忆，就无法形成长期记忆，更遑论客户会在事后采取行动。

我们的大脑占身体体积的 2%，却耗费 20% 的资源。如果我们一直让信息进入长期记忆的话，耗费的资源将会非常可怕，大脑处理逻辑思考的功能将会大大降低，我们从自闭儿的状况就可得知。遗忘是大脑记忆的重要功能，当信息不重要的时候，就会被我们遗忘，因此，当我们的 PPT 提案信息不关客户的事时，他们就会选择遗忘。

有一次我的母亲因为眼疾开刀，医生交代一天滴药水 4 次，用药膏 2 次，滴药水 10 分钟后，再用药膏。这是简单的陈述，但是家母因为年纪大的关系就是记不住。我在课堂上，也常常让一位学员说出电话号码，然后再问别人是否记住，马上问，有些人可以完整无误重述出来，过一会儿再问这些问题，却没人记得住。

工作记忆跟注意力有关，注意力越集中，工作记忆越强，因此，演讲者必须降低干扰，集中在客户关心的事件上，以免客户将注意力转到其他干扰物上。

提升记忆的关键不是有趣，而是有需要

认知心理学家理查德·E. 梅耶（Richard E. Mayer）曾用PPT 提案做实验，第一个 PPT 提案是有趣却与受测者无关的图片，第二个是没有趣但与受测者有关的图片。实验结果，第二个比第一个多 69% 的记忆，在创意方面，第二个也比第一个多 105% 的创意。可见，不相关的图片会形成干扰，客户会分心，超过工作记忆的负荷。

除了干扰，也要避免过多的信息，例如：一长串的数字或文字，难以理解的理论或专业名词。这些会让客户的短期记忆无法负荷，而造成分心。因此，学者乔治·A. 米勒（George A. Miller）认为我们只能处理 7±2 个信息①；但是纳尔逊·考恩（Nelson Cowan）提出 3~4 个信息才是适合的工作记忆②，另外，也有学者认为 1 项就够了。

一般客户的工作记忆容量是非常有限的，而且容易受到干扰而分心，因此，演讲者必须从这个方向着手，PPT 提案内容以简单化为主，就算是一大堆的文字或数字也必须让他模块（Chunk）化，组成 3~4 个模块就可以了。此时，就考验演讲者将文字归纳或撷取重要字符串的功力。在“设计篇”我们会再说明如何将文

---

① 参考论文《神奇数字 7±2：信息处理能力的一些限制》（*The Magical Number Seven Plus or Minus Two: Some Limits on our Capacity for Processing Information*）。

② 参考论文《短期记忆的神奇数字 4：对精神储存能力的再认识》（*The Magical Number 4 in Short-term Memory: A reconsideration of Mental Storage Capacity*）。

字归纳成适当的条例，甚至转换成图形，让客户加深记忆。

大脑的海马回是我们学习的中心，能将“工作记忆”转化成“长期记忆”。一旦我们紧张或恐惧的时候，会分泌大量肾上腺皮质激素，当然适当的肾上腺皮质激素可以在疲倦无聊的状态提升注意力，但过度时，会损害记忆力。丹尼尔·高曼（Daniel Goleman）在其著作《SQ——I-You 共融的社会智能》中提到：“海马回特别容易被持续性的负面情绪影响，受害于肾上腺皮质激素。在长期压力之下，肾上腺皮质激素攻击海马回的神经元，降低神经元增加速率，甚至导致总数减少，因此对学习造成毁灭性冲击。肾上腺皮质激素浓度一旦蹿升，就会损害记忆，原因显然是海马回的关键功能受到抑制。”

将新旧信息连接可以强化客户记忆

当演讲者站在台上讲 PPT 提案，或是业务员对着客户说话时，常常以为已经将信息传送给客户，这样就已经尽到责任了。但事实上，客户是否会自动接收你的信息是值得怀疑的。

根据我们大脑的运行状况，它是容易受干扰的大脑，很难接受不重要的信息。客户有没有将信息听进去跟工作记忆有相当大的关系。

工作记忆是有限的，超过 3~4 项就会超出我们的负荷。

所以，客户会从我们提供的大量信息之中，进行比较思考，看看演讲者的产品是不是比较好？方案是不是比较有利？到底有没有风险存在？我有没有什么好处？买了之后，会不会被老板骂？有没有更节省的方法或流程？客户的脑筋一直在动，干扰也一直存在，眼睛与耳朵一直接受演讲者的信息，如果演讲者提供的信息太过复杂，方法太过抽象，这对客户无异是雪上加霜。无怪乎，大部分的 PPT 提案与销售说服提案都是失效的，因为演讲者的信息无法通过客户的工作记忆。

品克认为，销售的成功因素跟影响他人有关系，影响跟说服有关系，PPT 提案是说服的其中一种形式，说服他人放弃目前的状况并接受未来美好的境界。

然而，如果你无法通过客户的工作记忆，当然就是无效的沟通，毕竟，你的信息通通会被剔除掉，更何谈能达到长期记忆呢？阿金森也认为，PPT 提案中衡量工作是否成功的唯一标准是 PPT 提案的信息是否让客户记住，也就是客户对你的信息是否形成短期记忆。

威辛克提出将工作记忆转入长期记忆的两种方式是经常复习或与旧有的知识及经验产生连接。麦迪纳提出复习与间隔输入的观念。其实我们从读书开始就知道复习的重要性，背文章的时候，背不出来，多背几遍就可以记住了，数学也是一样，多练习几个题目就可以了解逻辑的关系，也可以将公式背出来。

法恩说明我们从世界上所学到的每一件事情，几乎都被妥善地整理成基模。她将基模想象成一张大床，里面躺着许许多多熟睡的脑细胞，这些脑细胞代表某个基模的不同部分。促发某个基模就好像叫醒某个脑细胞一样，躺在附近的脑细胞被唤醒的概率也会提高。

威辛克认为："头是一种基模，眼睛也是一种基模。人们将信息以基模形式储存在长期记忆中，并利用它提取记忆。将新信息跟既存信息做连接，会比较能记住新信息。"这也是旧有知识及经验产生连接能强化长期记忆的原因。

所以，如果我们将新信息与已知的基模相连接将会快速进入长期记忆。芭芭拉·明托（Barbara Minto）在《金字塔原理》中说明如何将无相关的名词连接，强化记忆。

湖	■	糖
靴子	■	盘子
女孩	■	袋鼠
铅笔	■	汽油
宫殿	■	脚踏车
铁路	■	大象
书本	■	牙膏

上面两边的文字大都没有什么联系，所以，遮住左边难以从右边的意义记忆左边，反之，遮住右边也难以从左边的意义记忆右边。明托认为让彼此产生情境的关联，就能强化组织与记忆。例如：我走到湖边，将糖倒进湖里；女孩穿着漂亮的靴子，在桌子上的盘子里跳舞。

我们将旧有知识及经验产生连接就能组织起有逻辑的语句。这条陈述的关系符合大脑的思考。我们的大脑对图画的记忆比较深刻，如果我们在陈述时能想象画面，那么，会更深入地嵌入我们的脑海里。麦迪纳认为口语信息在 72 小时后只记得 10%，如果加上图片，就会到达 65%。所以，将新旧知识连接时，想象画面会提升记忆。例如：你在大脑中想象，你一个人拿着糖包，走到湖边并将糖倒入湖里的画面；自己穿着漂亮的靴子在满是盘子的桌子上跳舞的画面。这些记忆将会停留很久，如果能加上动词会更棒。

操作制约让客户记忆深刻

日本忍者是武功高强的武术家，他们常常奉命行事到敌人的阵营暗杀或偷盗，有些是要探知对方的情报，但又不能让敌人知道，否则情报就无效了，所以忍者到敌营偷看一些文件并记忆内容时，就要割伤自己，产生强烈的情绪，记忆就会加深。同样地，我们小时候不乖，被长辈或老师处罚时，我们总是记得那天的情境。

刺激 - 反应常常是行为学家研究人类行为的一种方式，其中有两种运作的工具，一是古典制约（classical conditioning），另一个是操作制约（operant conditioning）。

诺贝尔医学奖得主巴甫洛夫（Pavlov）曾做过一项很有名的实验，就是利用铃声让狗流口水，狗食可以让狗流口水，如果食物与铃声同时出现，听久了，以后狗听到铃声也会流口水。狗流口水的真正原因是食物的关系，称为非制约反应；听到铃声也会流口水是制约反应，这并不是铃声的原因，而是铃声跟食物连接在一起，让狗认为是同样的东西。这也是古典制约的来源。

伯朗咖啡常常以广告要求这种关系。

人们看到建筑、风景、表演，内心会产生心胸开阔、心旷神怡、遗世独立等感受。伯朗咖啡将这种印象与咖啡形象结合在一起，所以你喝它的咖啡就好像有心旷神怡的感觉。伯朗咖啡成为制约反应，它利用“连接情感要求与行为快捷方式”让客户轻易地相信喝这种咖啡有那种感觉，潜移默化地将品牌形象移入潜意识里。所以，在你还没进行采购流程之前，这种形象已经占据了重要位置。

你的产品在客户大脑里的位置是非常重要的，也就是我们的大脑可以作类别的鉴定，大脑无法辨识产品到底是什么东西时，就会开始以意识系统来学习。但是太复杂、不重要、不新奇的东西就会被潜意识踢掉。

古典制约是一种自发性的反应，但并非学习中都是如此，所以有一种称为操作制约的学习方式，它是一种人为强化方式，让你学习。我们看到马戏团的动物表演，叫老虎跳火圈就跳火圈，叫狗熊骑自行车就骑自行车。这些动物当然是受过训练的，训练师教它们一个动作，只要做对了，就给它们食物吃。利用这些操作原理让动物学习超乎想象的行为。

操作制约可分成三大部分：

＊正面强化

以正向后果来强化行为。如吃 ××× 就会精神百倍。当然有时会给予适当的激励，如言语鼓励、赠品或折价来强化他们的采购行为。

＊负面强化

用了 ××× 可以降低胆固醇之类。

＊惩罚

超过某个原则就处罚你，让你无法享受。

广告是一种营销手法，目的就是让客户形成记忆，产生好感，然后采取购买行为。我们都被制约了，产品意念通过广告的播放制约我们的行为：当我们心情沮丧的时候，就想喝杯咖啡；当我们力不从心的时候，就想去买瓶提神饮料补充体力。

业务销售与 PPT 提案也是一种广告行为，目的都是要客户采取行动。过程就是如何让你记忆，就像操作制约一样，一而再地播放同样的画面、广告词、音乐让你形成长久记忆，就像我们前面所讲的一样，重复是形成长期记忆的一种方式。

当然，前面说明的大都是自己如何强化记忆，但是，我们不可能拿着 DM 或 PPT 提案叫客户背诵这些信息。所以，我们必须利用一些方法让客户形成记忆，就像电视广告一样，潜移默化之中，让客户的潜意识形成一种良好的记忆。

1-7

不是你给客户什么，而是客户想要什么

不要把你的想象强加在你的客户身上

PPT 提案与销售必须有个目的，通常这个目的是站在演讲者或业务员的立场来论述，也就是演讲者有个解决问题的假设，他将这个假设放在幻灯片里，期盼客户能理解 PPT 提案内容所设定的假设。

当然，有可能刚好这个目的的假设是客户所需要的，如果是这样，那就恭喜这位演讲者，成功就在眼前；如果不是的话，这个 PPT 提案有很大的失败可能。

其实很多业务员都没做客户需求探询

我曾经访谈过许多一般上班族对 PPT 提案的看法，大部分人认为满足客户需求才是 PPT 提案的目的，但是却少有人进行客户探询！①

大部分的业务员都是“自己臆测”客户的需求为主。既然 PPT 提案演讲者的目的是将我们的构想推广给客户，那么要客户接受才行，为什么演讲者不做这个工作呢？我们将这些原因归结为：

---

① 此次我访谈 15 位上班族，有销售员、店长、顾问、行政人员等，这些人都有 PPT 提案经验，也曾被上台演示 PPT 提案所苦。

＊不知客户在哪儿

也就是说，不知道谁是客户，这常常发生在B2C的PPT提案中，尤其在网络的号召之下，来参加说明会的客户不知从何而来，所以也无法进行事前的了解。当然，有人认为可以在上台前的少许时间，先与客户聊聊，只是这种方法无法快速改变PPT提案的内容。

＊不敢问客户需求问题

我们总是惧怕陌生的东西，环境也好，陌生人也好，任何陌生事物也好，都是；我们不太喜欢接触，所以有“舒适圈”的说法，也就是说，我们喜欢待在习惯领域里。我们在请人，尤其是陌生人协助时，会产生恐惧，于是能省就省，不要增加恐惧最好。

这也跟我们的学习文化有关，台湾地区有句谚语：“囝仔人，有耳无嘴。”这形成了我们从小被教育为只要听不要讲的习惯。

＊太熟悉客户，所以根本不用问

这是常常在办公室所发生的状况，因为客户就是上司或一般同事，演讲者对他们太熟悉，所以就直接假设他们的需求。你的行动方案需要用到钱、人、时间等资源，你要如何判断同事或上司比较注重哪一个方向？当然直接问本人会比较清楚。如果上司与同事的需求是冲突的，当然以职位最大的为主，然后也要将同事的担忧呈现在幻灯片上。

＊觉得自己对 PPT 提案设计非常熟悉

这常常表现在自信满满的演讲者身上，有自信是获得客户信任的一种方式。对 PPT 提案设计很熟悉的人会以为 PPT 提案的各种疑难杂症他都知道，PPT 提案设计是对软件或硬件的驾驭，但人会思考，会抗拒，会自我防卫。所以，不要 PPT 提案结束之后，有客户跟你讲，你设计的 PPT 提案真棒。虽然有点恭维，但隐含的另一个意思是：他的决定还很犹豫。

＊不知道如何开口问

这是如何利用方法的问题，也就是如何展开与客户的对话，如何询问才能探询到客户的需求，击中客户的心就是提出他心目中焦虑、恐惧的待完成事项。

＊你知道的不代表对方知道

组织行为学家克里斯·阿吉瑞斯（Chris Argyris）认为，组织或个人都可能有两种不同的形式，“信奉理论”（espoused theory）与“使用理论”（theory-in-use）。

简单来说，“信奉理论”是对某项行动所构思的说明；“使用理论”是实际操作，借由观察而取得的证据。说明跟实际操作的行动不一致时，就会被认为有威胁性或令人难堪。因此，听众就会产生自我防卫心理，沟通就会有隔阂。所以，对于他人，我们可以看清楚他的行动，但是他内心所想的意图或动机，只能“猜测或推想”。在《创意黏力学》一书中有这样一个案例对“知识的诅咒”进行了描述，伊丽莎白·纽顿是美国斯坦福大学的心理学博士，她研究了一个简单的游戏，请人敲击歌曲的节奏，也就是打拍子让被研究者猜是什么样的歌曲。结果，大家敲了 120 首歌，听者只猜对 3 首，也就是 2.5%。打拍子的人原想对方猜对概率是 50%，但是跟结果差很多，因为他事先已经知道歌曲的名称，所以也推测对方应该知道这么简单的歌曲，但事与愿违。

作者奇普·希思与丹·希思（Chip Heath & Dan Heath）对“知识的诅咒”的解释是：

“我们一旦知道某事，就很难想象不知道的情况为何。我们的知识已经诅咒了我们。因此我们很难与他人分享我们的知识，因为我们无法轻易重建听者那一方面的心态。”

所以，猜测对方会有一半的概率知道我敲击歌曲的歌名，但实际上却只有 3% 不到。

推测无法了解对方的想法，所以要去探询客户到底要什么。

1-8

简单四步骤，说服你的客户

找到客户的痛点，你的销售语言才能影响对方

影响他人的四个步骤

客户的渴望引起购买的动机，他的动机是解决他的痛苦还是增加他的快乐呢?

《销售脑：如何按下消费者大脑中的“购买按钮”》[①] 的作者帕特里克·任瓦茨（Patrick Renvoise）提到解决客户的痛苦才是要点。他提出四个行动步骤来影响他人：

1. 诊断痛苦
2. 突显诉求
3. 证明获益
4. 传给旧脑

所以，一开始想要影响他人，就需要诊断客户的痛苦，当然，在 PPT 提案中很难诊断痛苦，因此，“事前访谈客户”找出真正

---

① *Neuromarketing: Understanding the "Buy Button" in Your Customer's Brain*，2014 年，浙江人民出版社出版。

的痛苦来源，将我们的解决方案与他们的痛苦建立关联性才能取得客户的信任。

所谓突显诉求，是使用适当文字将你的解决方案的诉求以独一无二的方式表现出来并满足客户。

而证明获益的意思是让客户了解他的利益在我们的方案中可以解决，量化方面有利润、收入、报酬率、时间、质量，质化方面有企业开发新市场、缩短流程、改善质感……或者个人的尊荣、趣味、祥和、成就、家庭、道德、人性。

传给旧脑是因为旧脑是情绪中心，先达到情感部分，客户买单的机会就会增加许多。

用客户探询找出客户恐惧点

人会因恐惧产生痛苦，大脑接收到恐惧信息，就会马上竖起警戒的雷达，监视危险物来保护自身的安全，避免加深痛苦，所以人最好处于“舒适圈”里，遵循已知与熟悉的环境与操作方法。

我们对下一步可能发生的事情无知或未知，让我们处于不安的状态，我们对目前是已知的，所以拒绝改变，而客户也不晓得改变会不会更好。我们因为害怕失去而采取行动，获得的快乐建立在不要失去的基础上。

因此，恐惧、疑惑、不安、不确定、紧张、惊慌等是我们询问客户的重要痛苦点。

恐惧，让你印象深刻

我们常说的大脑其实是三个部分组成的，三个脑各司其职也互通有无，就像高速公路与羊肠小道一般，错综复杂，各个神经元的发射形成信息的交流，感应了，认知产生了，意义产生了，行动就产生了。

法恩指出:“体标记（Somatic Marker）[①]是我们的决策引导者。倘若没有这些情绪标签的协助，即便是博文多识或聪颖过人，我们连在超级市场买罐洗发精都难上加难。”

人生不如意事十之八九，这表示在我们的人生经历中，充满挫折与无奈，甚至惊恐。我相信你常常因业绩不好被老板修理，感情不佳被情人抛弃，运气不好走在路上也会踩到狗屎，这些都是让你情绪非常沮丧的原因。

记得我小时候，总是喜欢在山里面探险，有一个半山腰住了一户人家，附近小动物一堆，最恐怖的是蛇，所以这户人家养了一只狗。我喜欢去他家找伙伴玩，有一次不知怎的，我爬上楼梯后，那只狗疯狂地追着我跑，我当然拼命地飞奔，还差一点跌倒。自从那一次，我一看到有草树的地方，就会恐惧有怪物跑出来追我。

“体标记”是心理学上的假说，就是我们现在感官感受到的事物，实际上是连接过去的经历所带来的后果或某种感觉，所以我们做出的决策或选择虽然看起来是理性的，其实都会受到情绪的影响。因此，如果在你选择洗发水的时候，没有联结过去的体标记，就难以做出选择。

---

① 体标记和体细胞记号都是Somatic Marker，翻译不同。

当然，体标记不是只联结恐惧而已，我们看到玫瑰花就会想到爱情的浪漫，看到小猪就想到存钱的安全感，只是《买卖心理学》（*Buy · ology*）的作者马汀 · 林斯特朗（Martin Lindstrom）认为，“恐惧的体细胞记号最强”。

客户大脑的采购决策快捷方式

大脑里有个决策的快捷方式就是体标记所呈现的，以过去所经历的为基础，通过这个“快捷方式”来想象目前感受的东西。

杏仁核在大脑中间的边缘系统（Limbic System）里，就像雷达一样，环视四方，搜寻与事实相反的状况，找出警示信息与刺激，尤其是危险的预测。丹尼尔 · 高曼认为，恐惧感最能刺激杏仁核，他提到：

“杏仁核受到警示信息驱动时，四通八达的神经回路会指挥脑部各个关键点，针对令我们产生恐惧的事物情境，引导我们的思想、注意力与知觉。”

林斯特朗有个政治选举案例，是 1964 年美国总统候选人约翰逊的电视竞选广告：一个小孩正在从 1 到 10 数着雏菊的花瓣，然后倒数 10 到 1 时发生了核爆炸。还有 2004 年小布什的“9 · 11”竞选诉求。他们将战争与恐怖主义嵌入选民大脑里，二人都获胜了。所以，他认为操纵选民的恐惧是确保政治人物获选的关键。即使有些政治广告强调快乐、希望、建设，还是让恐惧得逞了。

为了生存，杏仁核侦察探测环境的异状，危险的记号深深嵌入大脑里，所以对于恐惧、愤怒、不安的记忆会进入长期性的印象。我相信你有过这种经验，即使你借钱给朋友十次，最后一次你拒绝他，他的愤怒就会强化记住你曾拒绝他，而忘了你曾帮助他十次的愉悦。

体标记这个决策快捷方式，连接奖惩中心，有快乐与痛苦，恐惧所产生的痛苦，通常被强化。因此，广告常常诉求，疾病的痛苦、发胖的痛苦，脚麻没办法跑的不便，头皮屑让社交困窘，得不到青春的惆怅……这些都是操作体标记的恐惧心态。恐惧这个快捷方式不是丝织的，而是钢铁制作而成，牢牢连接决策与感受经验。

1-9

痛点 123，让客户急着买单

销售前与客户对话的技巧

但是，如何设计客户访谈问卷，的确是一项重要且有点难度的问题。

PPT 提案演讲者与销售者要试图取得客户的需求，必定需要以探询的角度了解客户。一般来讲，你的行动方案不是提升客户的快乐，就是降低他们的痛苦并迈向美好的状态。客户要采取行动来“购买”你的方案，也就是客户要跟演讲者“交换”，客户可能以时间、金钱、物质、权力等资源来换取你的方案。

但是根据前面提到的原赋效应原理，这会启动他们的防卫心，使他们进入深思熟虑的状态，拖拖拖……就在他们的脑海里翻滚。

客户不急，就是销售者急，此时，勾起或了解客户的痛苦才是重点，才会让他们急着解决这个难点。

至少挖掘客户的三样需求

《商业模式新生代》的作者亚历山大·奥斯特瓦德（Alexander Osterwalder）在《价值主张画布》一文中提到：

“你能提供哪些产品和服务来帮助客户解决无论是功能性的、社交性的还是情感性的工作，帮助他满足基本需求？”

所以，你必须挖掘客户的三样需求，也就是他们没办法满足这些需求的痛苦，这些就如克莱顿·克里斯坦森（Clayton Christensen）所提出的完成任务理论里所说①，客户在某个时间与环境想要解决的问题或任务，包含感性与理性层面。

功能性	产品或服务实际上可以解决客户所面临的问题，如手机可以通话、上网，报告顾问成果，咨询律师法律等
社会性	可以提升地位，拥有权力，保持面子，与他人有良好连接。如 iPhone 让你有面子，BMW 可提升地位，FB 可链接他人生活动态，这些足以让你赶上流行趋势，产生美好形象
情感性	个人情绪上的偏好，感觉快乐、安全、舒适等。如麦当劳的快乐儿童餐，Volvo 的安全性。情感是客户采购的重要因素，第四部分我们再详细说明原因

观点取替：站在他人的角度思考

PPT 提案常常以自己的角度来臆测客户的需求或愿望，这可能会击中客户的心，但常会漏掉某些关键信息。当然，碍于人力、时间与财力不可能各个 PPT 提案都要做这项调查的工作。但是我们还是要试图接近客户的想法。

---

① 克莱顿·克里斯坦森，美国学者，哈佛大学商学院教授。著有《与运气竞争》一书，提出了“Jobs to be done”理论，认为消费者不仅是购买商品与服务，而且是雇用商品完成任务。

适当地访谈关键人物，要跟他站在一起思考，跟他呼吸同样的气息，跟他感受同样的情绪。

有一个童话故事非常有名，就是马克·吐温于1882年发表的《乞丐王子》(《王子与贫儿》)，故事情节蛮简单的，是说有一位乞丐与王子年龄、外表很类似，乞丐每天自由自在，只要操心有没有饭吃就好了；而王子受到礼教与安全的束缚，除了不愁吃穿，天天忧郁，无法在天地间游玩。有一次两人相遇，互相羡慕对方的生活状况，突然灵机一动，彼此交换身份，于是乞丐就到王宫生活，而王子得到他的自由。这虽然是童话故事，但反映出我们总是无法了解对方的想法，一直觉得对方生活得比自己还好，所以跟对方交换，去体验对方的生活或许才是自己想要的。

观点取替（Perspective-taking）或称角色取替（Role-taking）是社会认知中一种重要的技巧，简而言之，是以他人的观点来看待事情的能力。面对复杂与不确定的事情时，我们是采取自己的视角还是换个位置，想象对方的观点与情绪呢？

潘慧玲教授在《教育研究集刊》中探讨角色取替，提出了三个类别：

1. 知觉性角色取替：推断他人知觉的观点，亦即在推断他人看到什么。

2. 认知性角色取替：判断他人的知识，亦即在判断他人想些什么。

3. 情感性角色取替：断定他人情绪的状态，亦即在断定他人感觉到什么。

1-10

从今天开始，联系建立有效的客户探询机制

用这些方法建立客户探询数据

要了解客户的想法，为什么会下决策购买，有很多方式可以得知：

	说明	方法
实验测试	通过实验或科学化的问卷访谈来取得客户的原始数据，需要花费的成本比较高	FMRI（功能性磁共振成像）或 EEG（脑电图）—用仪器探测大脑 实测：实际实验测试 反应盲测：遮住品牌测试反应
访谈调查	与受访者以交谈或问卷的形式取得对产品的看法，此方法需要一些人力与成本，花费也不是很低	问卷调查：用问卷了解受访者想法 访谈— 一对一深入交谈对产品看法 焦点团体：集体交互式谈论收集意见
实际操作	实际介入操作或观察消费者行为与销售、营运状况，通常花费比较低	角色交换—不同工作彼此交换体验 实际体验—实际进入操作场所 游戏—以游戏方式或仿真收集数据 观察—从旁视察营运状况
推测想象	凭自己的经验与二手数据来推测、想象可能的结果，或者通过集体脑力激荡来构想与推测，花费比较低	观点取替—以他人观点想象、臆测 自我想象—以自己的观点想象 推论—根据二手资料推论 KJ 法[①]—用脑力激荡法归纳信息 同理心地图—以同理心归纳使用者的想法

① KJ 法：又称 A 型图解法，即把乍看上去不想收集的事实大量如实地捕捉下来，通过对捕捉到的事实有机组合归纳，发现问题的全貌，建立假设或创新的学说。

如果不方便访谈，可以绘制同理心地图（Empathy Map）

网络上流传一段影片是 RSA Shorts 发行的《同理心的力量》（*The Power of Empathy*），同理心是与他人连接，感受他人的感受，而且不加以评论。同理心是与他人一同感受他的心情与遭遇。（Empathy is feeling with people.）

的确如此，大脑里的镜像神经元有这样的功能，甚至还能模仿。但是对方真正的想法却难以捉摸，你知道他不高兴，却不知道他为什么不高兴；你知道他快乐，却也不知道什么让他快乐。体标记是连接经验，如果他不讲，你也不会知道。

所以，我们需要了解客户的实际想法，访谈或问卷花费比较少，时间也不用太多就可收到不错的结果。如果不方便做访谈或问卷，至少应用观察或脑力激荡的方法，找几个受访者来收集信息，PPT 提案才不会掉入自圆其说的状况。如果受到限制，没办法找其他人解决，也可用同理心地图，自我推想并绘制客户的想法。

同理心地图是 XPLANE 公司建立的，以可视化的方式呈现，换个位置来思考对方对某个事物或任务的感受，体会客户的想法与情绪，此方法可以简单地了解他们内心的信息，而不是基础的统计人口资料而已。

从图中可知道，基本上有六大区块：

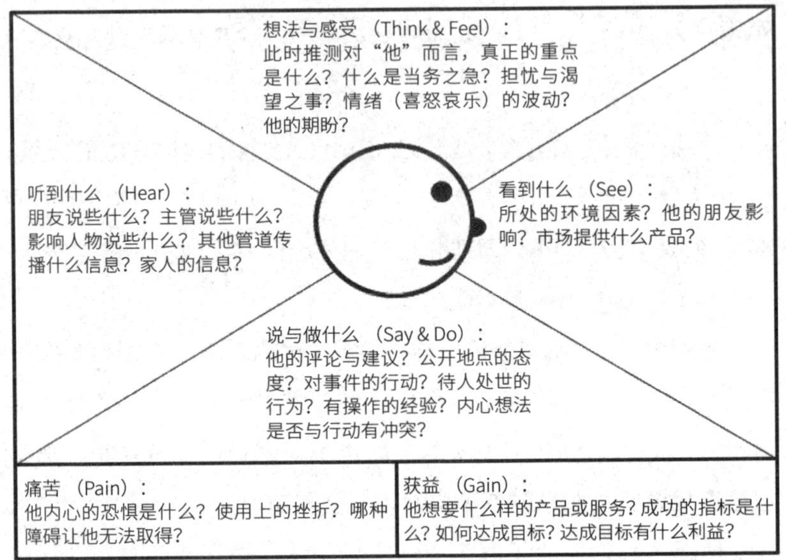

在推测这些问题点时，也可以参考一般客户的目标，从这些目标当中可以获得不同的思考方向，更有可能亲近客户的感受。

绘制同理心地图操作示范

首先，你要有个主题，如交互式的 LCD 电视 PPT 提案。

然后，确定销售对象，把主要的客户群找出来，区分三个主要市场，找出其中一个最重要的目标客户群练习。如果是 B2B 的话，可以找同事模拟。

接下来，模拟这个客户群的外表特征、收入、居住、习惯、爱好。

下一步，放大地图并贴在墙壁上，成员根据各区块的问题，想象客户的想法，写在便条纸上，贴在地图上。

最后，进行便条纸的分类，整理出重点，可以根据爱德华·德·博诺（Edward de Bono）的 PMI 方式整理，P 是 Plus（正面、积极、有力、得到），M 是 Minus（负面、反面、消极、失去），I 是 Interesting（有趣味、创意、不同思考）。[①]

产　品：交互式 LCD 电视；

客户群：主要为 20~40 岁的男性，特征是喜欢刺激、冒险、旅游，性格狂妄、任性、急躁；

次　要：家庭主妇，特征是爱看电视、聊八卦，善于关心他人、体贴、有爱心、情绪化；

最　后：40 岁以上的男性，事业有成、成熟、稳定、顾家、热爱投资、平静、善于分析、自私。

20~40 岁的男性对“交互式 LCD 电视”的客户同理心地图：

构面	Plus	Minus	Interesting
想法与感受	可以娱乐、玩游戏很爽、操作简单吗？会不会很贵	工作很闷、不太需要、有计算机就好	至少 60 寸、跟女孩聊天
听到什么	太棒了、小孩子学习	需要吗？很忙、可能很贵	互动可以做什么
看到什么	网络好用、操作顺利	父母在家无聊，目前电视太小、不清晰、占据时间、无法录像、节目太杂	无法看回放、找不到节目

① 爱德华·德·博诺认为，我们通常用垂直思考没办法有效创新与解决问题，所以他倡导水平思考。PMI 就是水平思考之一，在其著作《在没有问题里找问题》中提出。

（续表）

构面	Plus	Minus	Interesting
说与做什么	喜欢大电视、费用越低越好、流行趋势	品质不好	一直注意3C产品、有直播软件、能与电脑无线连接、控制其他家电
痛苦		耗电、预算问题、乏味、折旧、安装	没时间看
获益	有趣、学习、知识、娱乐、不必维护		找到自己想要的

人们要达成同理心很难，毕竟感受没有计表，无法量化，没办法知道程度也不知道原因。

同理心地图是用一种换位思考来取得信息，就是观点取替。但是，乞丐王子的交换角色是要实际体验与观察的，自己真的去做，真的去体验，让自己陷入情境，才能真正了解对方的心情，也才能真正地产生“同理心”。

同理心地图只是推测客户是怎么思考的，感受他的感受跟实际情况是有差别的。不管如何，让受访者都要有使用的经历确实比较难，所以请客户实际来填写是不错的选择，但是这样又超越了此方法的意义。

因此，换个角度思考，一样请他人观点取替，取得初步数据，再以这些论点设计问卷或访谈，让潜在客户填写也是可行的。再不济，也可以此作为设计 PPT 提案的参考数据，至少比自己摸索好。

利用同理心地图设计引言与访谈

通过同理心地图的操作，初步取得目标客户群的仿真信息之后，接下来，我们开始设计访谈问卷来询问客户。

SCQA 是《金字塔原理》里的商业文章写作引言程序，当然我们也可以用在对客户访谈的开场用词上。一开始时，我要告诉对方整个故事的情境（Situation）经过，然后这些经过引发冲突（Complication），在冲突中引发种种问题（Question），我们有解决问题的答案（Answer），答案就在 PPT 提案中。

如果是一家旅行社，可以这样设定：

S：你想要到美国游玩

C：可是语言不通、签证不会办、机票不会订……种种麻烦出现

Q：你应该怎么办才好

A：我们公司可以帮你处理，价格合理

如果你是营销人员，想要取得潜在客户认同，你可以规划访谈引言：

S：市面上有许许多多的拖把

C：这些产品都要碰到水，大部分的人不喜欢碰到脏水

Q：有没有哪种拖把可以拖干净又不用碰到水呢

A：有，就是我们公司的产品

至于引言中的“答案”要不要说出来，如果你想要保留产品的秘密，就先隐藏你们的解决方案。

销售者在探询客户的痛苦来设计问卷时，必须了解：

＊客户害怕的缘由？

时间、成本、人力的投入

价值主张不佳

规划问题

他人抗拒

人际关系失落

学习障碍

＊他们会不会感觉很急？

感到不安、不舒服

老板、同事、竞争者的压力

客户抱怨 - 功能、服务不好

财务规划问题

业务不佳

＊现在他们有没有方法解决这些痛苦？

没有，正在搜寻或他们根本不知道这个问题

无意解决

感到不是什么大问题

想解决，但财务、人力有所不足

还不是解决的时间点

目前的方法不满意

＊你是否有比这些方法还好的？

问题不是我们可以负担

只能解决某部分

可以，只是不知如何切入

没问题，只要提出完整规划

当然，答案应该放在 PPT 提案中，访谈只是简单了解他的需求与痛苦点，并不需要将解决方案仔细地对客户解释。题目也不要太多，5~10 个就够了。

1-11

好处说了一大堆，为什么没用

你要让你的客户比你还要急迫

我有一天早上起来感觉耳鸣又头晕，就去一家诊所看病。医生问了一些话之后，诊断了一下，然后拿出一张纸来，我看了一下，上面的标题是“ABC 清除术”，我下意识地认为“又要推销什么医疗之类的，应该很贵吧！”于是，我瞄了一两秒钟就收起来了。

医生叫我把手伸出来，他用他的指甲跟我的指甲作比较，我就说“我的指甲比较红”，他说“是黑不是红”，我感觉他是要推销这个“ABC 清除术”，我的脑袋里浮现出会不会很贵的想法。于是我保持沉默，这位医生也很老实，问了一些简单的生理问题之后，就叫我去领药跟注射器。

护士叫我隔天再去诊所抽血检查，早上要空腹，检查才不会有误差。

隔天一早我就去诊所挂号，进入注射室之后，旁边有位阿姨正在抽血，护士叫我坐在旁边，跟我解释那位阿姨的血有点黑，她指着注射筒给我看，上面还有一层油，问我是否知道“ABC 清除术”。我说昨天医生拿资料给我看了。然后她又说血太黑会有中风的迹象，当我看到阿姨的血并听到护士讲的话之后，我就吓到了。

我年纪又不大，中风怎么办呢？美好的人生就没了，人生就是黑白的了！

我就问要自费吗？护士就说挂号费 100 元就好了，我一想这么便宜，就决定要试试看。抽血需要一段时间，她就跟我聊天，她说她有点胖，第一次抽血时很吓人，也是很黑，抽过几次之后，情况比较好了。还叫我常拍手、多运动、多吃蔬菜水果。

回到家里，我就在思考为什么昨天医生推荐时，我不想要，而护士的推销我却一下答应呢？照理说，医生的专业程度远高于护士，然而，我却被护士说服。我发觉有两项重要的因素："社会证明"与"价值衡量"。

价值与钱必须在水平中衡量

我们习惯推销产品的好处，到底客户喜不喜欢或需不需要全然不管，造成各说各的话，客户也不理你的推销话术，因为他们认为我们只会说好话，也就是以销售的立场讲话，造成客户不太信任。

而这次这位医生不是业务员，虽然他也想要推销他的服务，但他犯了一个错误，也就是没有告知价值。

所谓价值，一个是产品本身的价值对客户的重要程度，如果对客户不重要，那么，任何功能都没用。

另一个是产品所能兑换的价值，通常是钱或者劳务之类的。

所以，产品的价值跟钱的价值产生两端的衡量关系，客户根据判断就会有买与不买的决定。

所以在价值水平之中，医生的 DM 说明与指甲比较，我是相信他的专业说明，但是，我的疑问是费用会不会很高？要花钱的买卖我都不敢多问，医生也没有多讲，生意就此结束了。

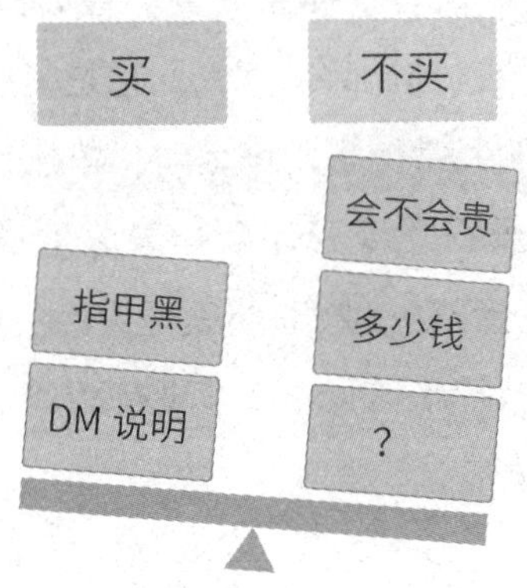

反观这位护士，她却利用了阿姨的具体证明、自己的经历、可能中风的疑虑，以及对于抽血之后，骨髓可以造血，所以常捐血的人的血比较鲜红，比较健康的说明。在这么多的证据（社会证明）之下，我就好奇地问是否要自费。护士说 100 元挂号费即可。

我的天啊！这么好的销售话术竟然都没讲，只要 100 元就可以改变血管硬化，防止中风。可见医生或护士如果利用这个营销语言，我相信会有更多病人来接受这项服务。

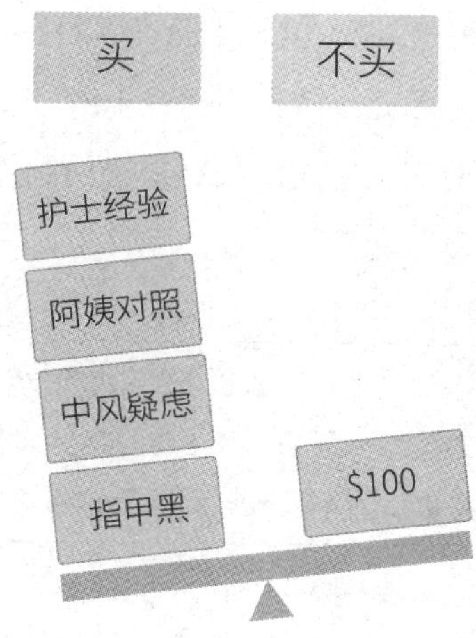

找出增加客户急迫性的销售语言

我喜欢看书，现在网络这么发达，网络上买书又可以打折，所以，我大都在网络上买书，虽然不像实体书店一样可以先浏览里面的内容再决定要不要买，但是网购就是简单方便。按一个订购键，填一些资料，通常隔天就会送到。

网购有订购键，那大脑应该也有这个键才对吧！就像看到喜欢的，只要单击就万事大吉了。然而人们的决策系统极其复杂，绝非喜欢不喜欢所能表达的，喜不喜欢是在我们的意识中可能显现的，但在潜意识中却难以陈述。这牵涉感性与理性，冷静与情绪，快思与慢想，直觉与熟虑。

而在 PPT 提案与销售中，客户的购买决策是什么？大脑里并没有一个购买的按钮，所以也不知道从哪里按这个钮。

但是客户喜欢拖延，原因就是不急，所以让客户“产生急迫感”，客户下单才会迅速，因此，我们必须在 PPT 提案中，要注意除了吸引客户，还要让他产生急迫感。这是我们制作 PPT 提案所需要面对的，美观很重要，这个更重要。

NOTE

这篇文章只是以销售的角度说明，其中有牵涉到的医疗行为与本人无关，DM 与医疗话术都是照抄诊所的，如果有身体上的不适应该到医院诊断才是适当的。

第二部分

规划提案篇

在上一部分我们了解了 PPT 提案、销售语言与客户（听众）的关系之后，我们知道了客户的心理层面、购买决策，还有探询客户的方法。接下来我们要进行销售 PPT 提案、说明提案的规划程序。

做任何事情没有事先规划，到头来一定一团乱。我常常看到别人在设计销售 PPT 提案时，大都一开始就直接在 PPT 提案上操作，这个方式看起来很快速，实际上却可能问题一大堆。也容易让人落入单线思考的陷阱，无法全面与系统地处理销售时的真正问题。

2-1

没有规划，你的提案就没有意义

不要一开始就投入到你的销售 PPT 提案制作细节中

所谓“凡事预则立，不预则废”，规划多一点，麻烦就少一点。

通常我们都是头痛医头，脚痛医脚，遇到问题才来解决，但这是不恰当的。PPT 提案与销售规划也是如此，没有事先规划，原本不急的事情也会成为急事，原本不是问题的地方也可能产生问题。

我们可以将任务分成紧急与重要来区分，因此，你的任务可以分发在下面四种象限里。

第一象限 是紧急且重要的事	第二象限 是不紧急但重要的事
第三象限 是紧急但不重要的事	第四象限 是不紧急也不重要的事

我们大部分的时间都在处理紧急的事情，因此遗漏了重要的事情，让重要的事情最后变成问题，造成紧张与错乱的状况常常

发生。

史蒂芬·柯维（Stephen Covey）认为第三与第四象限的事情尽量少做，而把时间放在第二象限，第二象限是规划、预防、人际关系等工作，这些做不好就会往左跑到第一象限成为紧急的事情，造成不管事情重不重要，你整天都处于急迫又无奈的状态中。

下面这是一个时间管理优先矩阵，常常应用在处理任务的顺序上。

	紧急	**不紧急**
重要	第一象限	第二象限
	有时间压力的案子 无货可售 客户抱怨 倒账疑虑 危机	规划制定 公关建立 提升技能 未来发展 开拓业务 预防工作
不重要	第三象限	第四象限
	不速之客 不重要杂事 电话或 E-mail 不必要的会议 临时邀约	不重要的活动 垃圾邮件 广告信件 闲聊 浪费时间

规划让你掌握实际情况，提前面对问题，更可以提升自己思考的高度与深度，而对身体而言，可以远离紧张与焦虑，让身心更加健康。

2-2

如何提升提案的高度与挖掘提案的深度

不要让你的销售 PPT 提案只停留在表象的平面

有一次我参加一个 PPT 提案竞赛，参加选手众多，选手们都有一定的实力，经验也非常丰富，口头表达与 PPT 提案设计都非常有水准。每位选手上台演示 PPT 提案之后，评审都会给予选手评论与建议，我将评审的意见抄录起来，放在 xMind 这个软件

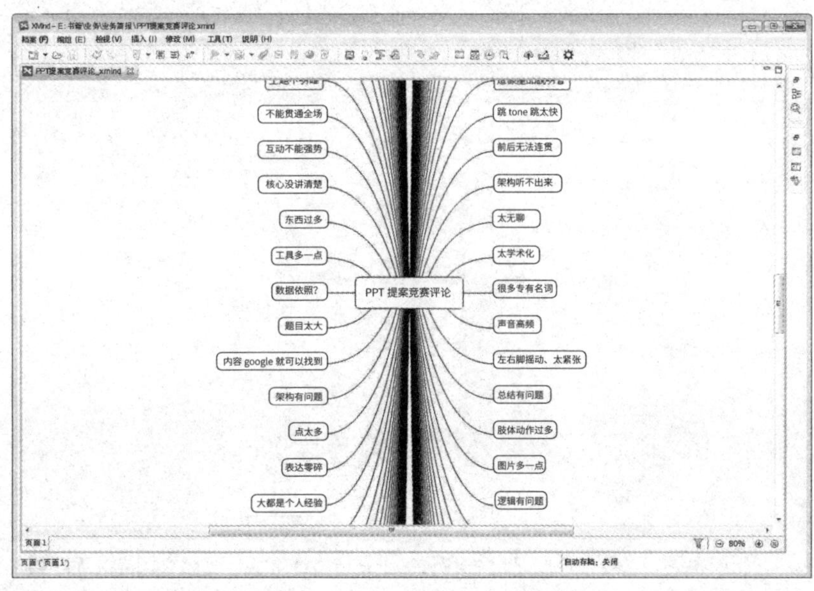

上[①]，结果发现一个大问题。

这些纷杂的意见看到的都是一个点，看不出与看不透销售的整体实际状况，所以我们需要归纳这些意见，让整体状况浮现出来。评审对参赛者的评论自有其道理，但是大都只看到参赛者的表象，很少深入探讨参赛者的 PPT 提案为什么不恰当，这也是很多朋友在制作销售 PPT 提案时会犯的错误。

这些销售 PPT 提案都有以下问题：

1. 只看表面，缺乏透彻性

2. 只看问题，没有方法

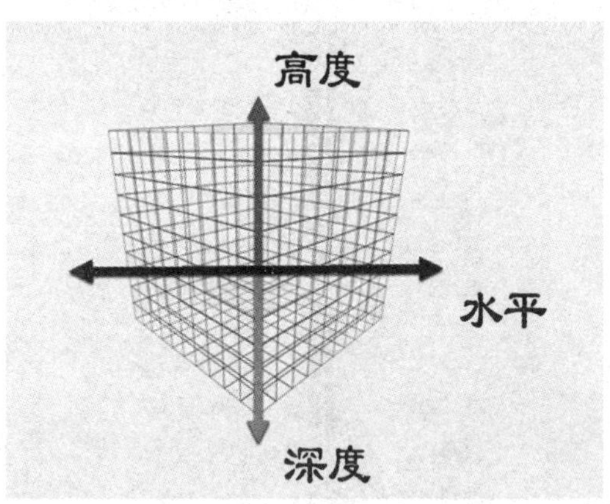

① xMind 是绘制思维导图（Mind Map）的软件工具，思维导图是东尼·博赞（Tony Buzan）所提出的，可以辅助思考，由主题发散形成扩散图，彼此连接且具有关联性，此软件也可以做规划与归纳的工具。所以，我也利用它的特性将各个意见写在 xMind 上。

3. 只说状况，欠缺缘由

要解决上面三个问题，业务员需要了解销售提案的高度与深度，将纷杂的信息转换成有条理的销售信息。

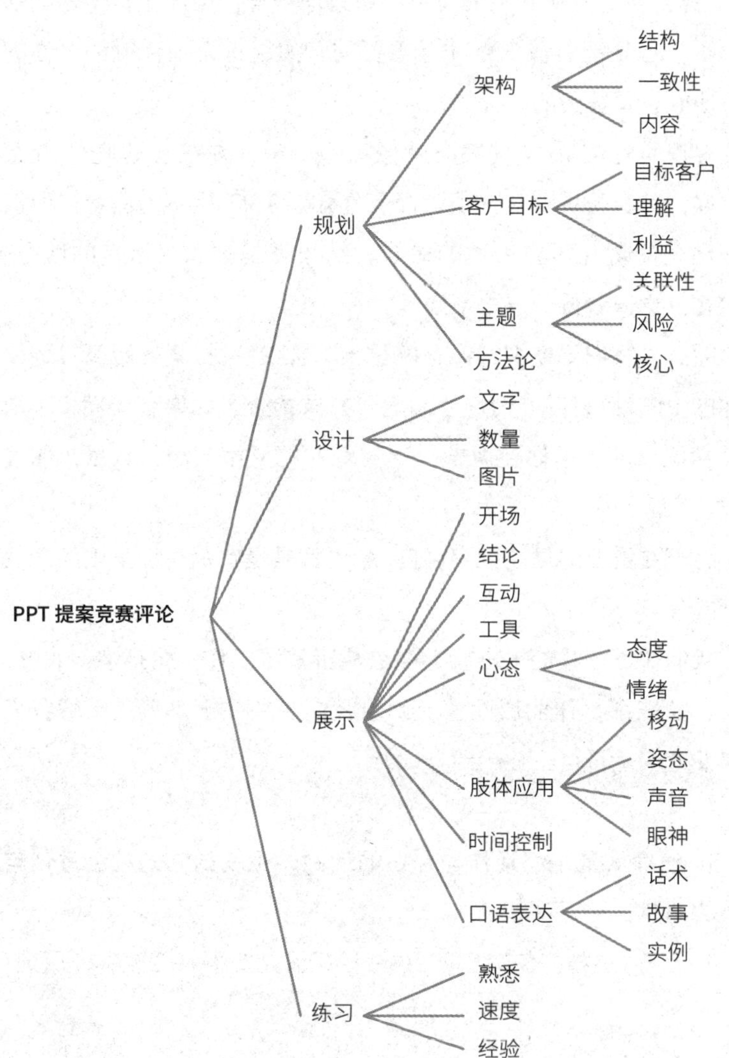

如何提高销售提案的“高度”

所谓高度，可以分成“视觉高度”与“内容高度”。

“视觉高度”就像飞上天空鸟瞰大地一样，地面上每个东西都缩小了，但是能看得清楚才是重要的，如果都是很模糊的，你的重点多好也是徒劳的。

客户看你的PPT提案时就像鸟瞰一样，你在规划PPT提案的时候，计算机屏幕离你很近而且你知道PPT提案的内容，所以你很清楚幻灯片所要表达的概念。结果就是你以为清楚的地方，其实客户觉得看得一点都不清楚。

因此，我们要模拟客户在座位上看你PPT提案的距离，例如将你的PPT提案以“幻灯片浏览”方式检查，如果有模糊、不清楚的状况，那表示你要调整一下幻灯片的文字大小、数量、图片画质。

另外更重要的是“内容高度”，也就是设定销售提案里的企业经营方针。

我们知道，我们上班族大都是从事基层工作，如打字、收账、设计。这些都是作业层面，因此，我们必须往上思考，了解我们的作业方向是否与企业一致。

1. 使命：是组织运作与存在的理由，也就是它的社会责任与扮演的角色。

2. 目标：是根据使命发展目标，目标设定需要符合SMART原则：

具体（Specific）、可衡量（Measurable）、可达到（Attainable）、相关性（Relevant）与时间限制（Time-based）。

3. 策略：是根据目标来发展，比较大的、时间长的发展与规划任务，常常要根据本身的优缺点来找出生存与发展的空间。

4. 战术：以策略为发展基石，通常是比较小、时间短的行动方案，也比策略更加明确，要找出完成的方法。

5. 作业：是实际去执行、处理任务。

假如我们把目标当成是一个目的地。

那么策略是一种计划——计划如何达成目标。要到达目的地需要一张地图，这就是策略，以系统观来看待这个目标。至于战术，就是如何根据地图来到目的地。而作业部分就是实际动手做。

所以通常要是策略错误，战术与作业做得再好也没用，因此，当我们进行销售提案时，一定要提升目标、策略与战术的高度，而不是只注重作业层面的技巧而已[①]。

下面就是一个规划的例子：假如你是一位上班族，每天辛辛苦苦地工作，只是希望你的子女能快快乐乐地成长，未来能做个有用的人，那么你应该提升高度：

1. 使命：让孩子能做个有用的人。

2. 目标：三年内储存孩子从小到大的教育费200万元。

3. 策略：除本业外，强化第二专长，然后兼职。

---

① 威廉·J. 史蒂文森（William J. Stevenson）著作《作业管理》说明了使命到作业之间的等级体系关系。

4. 战术：上补习班或自修。

5. 作业：网络搜索、买书、上课、上图书馆、请教专家。

如何挖掘销售提案的“深度”

在销售 PPT 提案中，我们必须挖掘问题点的深度，找出实际原因。

有一次我去参加一个投资的 PPT 提案竞赛，一位评审在评判各个演讲者时，认为很多人都会背后朝向客户，这是不好的姿态，应该正面朝向客户才对。但他就此打住，没有说明演讲者为什么他们会背后朝向客户。其实他可以用“5why”法来挖出原因。

A：为什么会背后朝向客户呢？

B：因为他对 PPT 提案不熟。

A：为什么他对 PPT 提案不熟就会背后朝向客户呢？

B：因为他不熟就将 PPT 提案当成他的读稿机，尽量将信息呈现在幻灯片上。

A：为什么将信息呈现在幻灯片上就会发生这个情况呢？

B：因为文字多的话，他要找出关键词，就自然而然背后朝向客户，眼睛仔细在屏幕上搜寻。

A：为什么找出关键词很重要？

B：因为他以为一个字一个字念出来，就能说服客户买单。

A：为什么不能一个字一个字念出来呢？

B：因为客户来 PPT 提案会场，主要看你的口才与内容是否值得下决策，所以脸部情感表达、口头说服技巧与 PPT 提案设计是主要原因。因此，文字少一点、图片多一点，你就不会花太多时间在银幕上搜寻关键因素，自然就会正面朝向客户。

所以根据上面的说明，你也可以在自己的销售 PPT 提案和销售提案中，去挖掘你报告的深度。

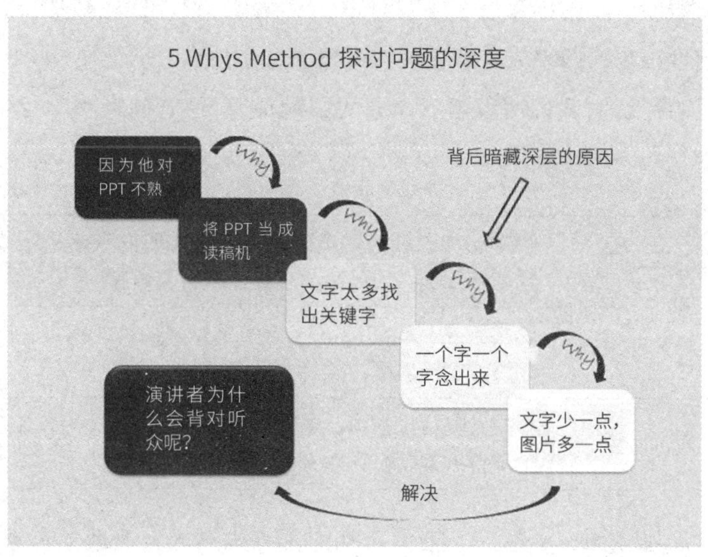

2-3

做出次序：杂乱的论点只会让客户一头雾水

杂乱无章的销售 PPT 提案，只会让客户一头雾水

每张幻灯片应该是一项论点，当然这个论点有大有小。

假如一开始你有许许多多的想法要澄清，可能比较杂乱一点，要整理出来，归纳成有意义、有逻辑的各个论点。

明托认为我们可以用三个方式归纳信息：“时间顺序”“结构顺序”与“程度顺序”。

时间顺序	实际的步骤或行动概念，可以按照时间次序执行或规划，如食谱、展览。它是比较容易理解的
结构顺序	是指产品、组织或图表结构之类，如公司组织、产品爆炸图、地图、照片、图形
程度顺序	根据共同特性归类，通常以重要度为主的顺序，如 3 个重要因素、4 个关键问题等

通过上面三个顺序，把你杂乱的论点规划成有条理、有层次的提案次序，就不再那么困难了。

就像第 2-2 小节的归纳表一样，我们将各个论点分类、归纳成一个完整的分支架构，大论点底下有小论点，明托称之为“金字塔原理”①。PPT 提案竞赛评论的两个图表，就体现了从纷乱到

① 《金字塔原理》由芭芭拉·明托所著，该理论通行于麦肯锡公司，用于诊断企业的问题并提出方法的架构论。

有清晰架构的认知的重要性。

从分析中我们可以知道要从高度、深度来审视 PPT 提案的架构规划与设计。当然，一旦我们要设计 PPT 提案时，也要尽可能从这两方面着手。

2-4

你才是 PPT 提案最关键的元素

不要以为多媒体只是动画影片！

从前计算机还没兴起之时，电视与电影提供声光效果，尤其是电影，大银幕、立体声、情节紧凑等绝非其他媒体所能比拟。早些时候没有电视，只有电影，而且还是黑白的，我就在二轮戏院看过黑白电影，更早以前连声音都没有，称为“默片”，所以就有所谓的“电影辩士”替观众解释情节，也有乐队跟着剧情演奏高低起伏的乐声，让电影更加生动有趣。

辩士很像木偶戏的黄文择，号称“八音才子”，一人分饰多角声音，时而壮士、时而君主，情节可能是争吵斗殴，也有可能是浓情蜜意。辩士就是这个角色，要带给观众看电影所要享受的情节。

科技演变，彩色电影来了，声音效果也出现了，来到多媒体的时代，辩士就在这洪流之中消失了。

你的声音与肢体也是多媒体

那么，演讲者像不像辩士呢？同样解释电影（幻灯片）的情节，只是我们不必假装许多不同的声音。

PPT 提案将声音、影像、图片、效果、文字、色彩、情节，还有演讲者的概念、说明、肢体语言等融合在一起，形成完整的多媒体呈现。

所谓 PPT 提案的多媒体，还包含演讲者的声音与肢体语言。

梅耶认为，多媒体是用语言（Word）与画面（Picture）共同呈现数据：语言包含文字与口述，画面包含静态图片或动态的图画显示。

而销售 PPT 提案与提案规划的重点之一，就是将纷杂的信息分析并归纳成有架构和多媒体内容的 PPT 提案，这些内容富含信息成分可以提供给客户参考并说服他们。

你的一举一动比动画更有吸引力

有句老话是“活到老学到老”，狭义的解释是坐在课堂上，由老师讲授；广义来讲是到处都可以学习，不一定要通过特定的渠道或场所。

阿吉瑞斯提到，学习是一项产物，是学到某种东西，也可以是产生这项产物的过程，也就是我们如何学习。学到某种东西，就表示我们“记忆”与“理解”某些以前所未知晓的东西，所以，即使你没有在课堂上，你也知道“斯斯”到底有几种。[①]梅耶也认为，学习就是把信息加入到记忆中，而多媒体是向学习者有效地传递

---

① 阿吉瑞斯在《组织学习：理论、方法与实践》中提出对学习的看法。

信息的一项工具[1]。因此，只要我们记住某些信息，不管从什么渠道、什么地方、什么人那里得到，都是一种学习。

马可 · 亚科波尼（Marco Iacoboni）说：“我们大脑中的镜像神经元让我们在看到电视转播时，感受到同样的情绪，跟他们是一体的。”[2]

因此，我们可以了解镜像神经元是模仿的器官，让我们理解对方的肢体语言与脸上表情，这些让我们对对方的喜怒哀乐感同身受。我们通过模仿来学习许许多多的知识，甚至建立整个文明，镜像神经元感受到别人的动作而活化。

因此，一旦你站在讲台上，你的肢体与声音，将会让底下的客户通过大脑里的镜像神经元开始触动、活化并模仿与记忆你的信息。

---

① 梅耶的《多媒体理论》说明多媒体对学习的影响有独到的论点。

② 马可·亚科波尼的《天生爱学样》阐述了镜像神经元对人类的影响程度，尤其在学习、模仿与同理心方面。

2-5

精致化 PPT 提案：不要让客户的大脑超载了！

精致化 PPT 提案过程的感官刺激

我们从早上一起来，就开始探索身边的环境，从家人、电视、广播、旁人、计算机、网络……得到许许多多的信息，因为我们接受的信息实在太多了，所以不一定能记住。但我们会记住重复多次的信息。

PPT 提案与销售提案是为了传播信息，PPT 提案也是多媒体的一种。只是，多媒体是通过声音与画面来传播，这是否比单一媒体还好呢？也就是说，我们打开了所有感官是否比单一感官学习还来得好呢？

感官刺激会帮助客户记忆，但不能太多

在我们人类演化的过程中，所有感官是一起运作的，不是先看到，然后过了一段时间再听到。在这个环境里早就有味道、声音、影像存在，那表示我们祖先的感觉器官已经开始接受这个环境。麦迪纳指出："实验展示了大脑强有力的综合本能。既然大脑是在多重感官刺激的环境中发展出来的，你可能会假设它的学习能力一定也随着环境的感官刺激增加，学习得越好。"梅耶也在《多媒体理论》中说明了在多重感官下学习效果比单一感官好，回忆

比较多，也比较正确，过了20年也是一样。

从而我们可以认定应用感官越多，在学习上越有正面的贡献。

但这会不会产生认知负荷超载呢？确实有这个可能，你想想看，在你参加PPT提案活动时，你可能会遇到会场声响震耳欲聋、演讲者声嘶力竭、灯光强力照射、动画前后跳动、画面光影炫目等情况，没过多久，你已经身心俱疲。

我相信你有这样的经验，在非常嘈杂的宴会环境中，你只听到嗡嗡的声音，如果有人叫你的名字，你会立即注意到，就像听不到这嗡嗡的声音，这是所谓的“鸡尾酒宴会效应”，过多的声音超过认知负荷，因此我们会选择注意我们关心或熟悉的信息。[①]

其实，在规划销售PPT提案时，我们必须要将信息精致化处理，也就是对信息进行额外的认知处理，帮助客户把新数据整合到旧信息中。这也是我们PPT提案规划与设计所要面对的，多重感官的处理能强化我们的记忆，但必须精致，让客户更加快速地理解与记忆我们的PPT提案[②]。

客户如何进行信息的理解与加工

约翰·斯威勒（John Sweller）提出了认知负荷理论，意思是将一特定工作加入学习者认知系统所产生的负荷，也就是我们

---

① 麦迪纳在《大脑当家》中提出。

② 马尔科姆·葛拉威尔（Malcolm Gladwell）的《决断2秒间》认为深思熟虑不一定比迅速判断还准确。

前面所提的工作记忆的负荷。学习者对所学内容感到吃力时，就产生认知负荷可能过重的现象。

梅耶提出多媒体学习认知的三个基本假设：

双通道：人们拥有单独加工视觉和听觉信息的通道。

有限容量：每一通道同时加工的信息数量有限。

主动加工：人们会进行主动学习，用有意义的学习在两个通道中进行认知加工。

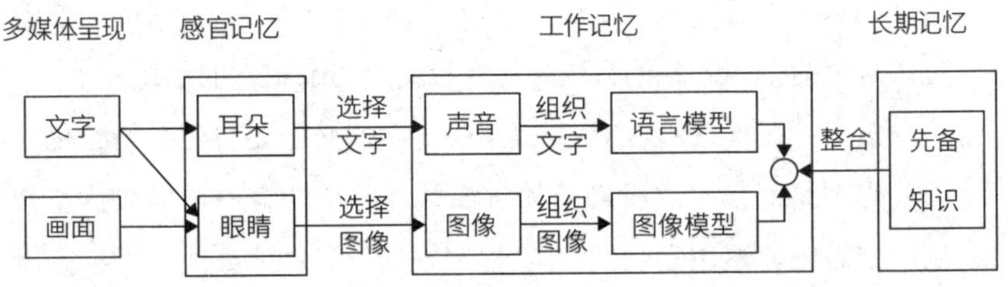

在多媒体信息之下，梅耶将这些信息整理成两个主要信息“文字”与“画面”，这也是源自艾伦·帕维奥（Allan Paivio）[①] 提出的双重代码理论，视觉与听觉的两种通道。

而在主动学习之中，这些信息暂时性地储存在工作记忆（短期记忆）中，所以工作记忆暂时处理这些信息，认知负荷就是工作记忆的负荷程度，它的负荷程度是不多的，就像我们前面所提的，7±2 个信息是短期记忆的局限。

所以，如果信息太多，我们就会自然而然地选择想要听与看

① 艾伦·帕维奥：加拿大认知理论学家，提出了著名的“双重代码”理论。

的信息，毕竟，我们无法耗费精力去认知、解释那些我们认为不重要的信息，所以也只有少数信息被选择与保留。

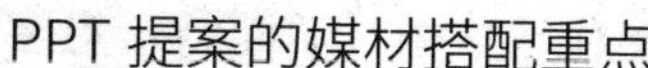

PPT 提案的媒材搭配重点

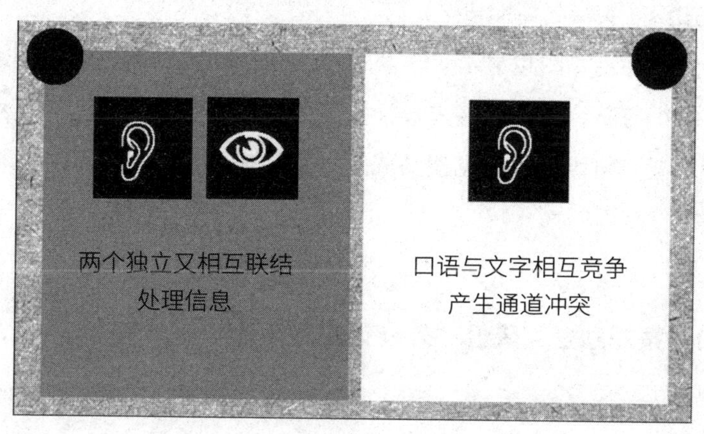

这时候怎么办呢？可以利用大脑的联想能力，让客户通过少量的信息就可以联想到更大的意义。例如，看到玫瑰花就会想到浪漫与爱情的感觉。约翰·高特曼（John Gottman）是华盛顿大学的心理学家，研究婚姻现象的学者，只要跟夫妻谈论几分钟就可以判断他们是否会三年内离婚，准确率高达 90%。

这种了解快速连接与认知的关键因素，知名趋势专家葛拉威尔称之为“薄片撷取”（thin-slicing），“意指我们的潜意识有一种能力，只凭借些微的经验薄片，就能掌握情境与行为模式”。我们可知这种婚姻的预测可能需要长久的训练，但是，如果是一些平常的状况，我们大脑确实有一条链条，将各种图像、声音、情绪、结果……连接配对。

长期记忆，顾名思义，是能长期储存在大脑里的记忆，在这里储存大量的知识，以应付使用与学习。如果想要对信息进行主动思考，就会带入工作记忆中（前面的示意图中右边长期记忆的先备知识箭头指向短期记忆）。

前面的示意图也显示了一个重点，我们的大脑需要空间去选择、组织与整合信息，客户选择重要的信息，在文字与图像互相连接之下，组织这些信息使其成为一致性的心智架构，并整合先前的经验与知识。

好的提案规划是：降低“外在认知负荷”

斯威勒将认知负荷分成三种类型：内在认知负荷、外在认知负荷与有效认知负荷。

1. **内在认知负荷**（Intrinsic cognitive load）：主要和信息（教材）难易度有关，内容组成成分很高，或之间相互关联复杂，内部认知负荷就很高，不会受教学设计影响，但是会受储备知识的影响。

2. **外在认知负荷**（Extraneous cognitive load）：数据组织与呈现方式，跟教学设计有关。一旦有不适当的教学设计或环境，就增加了外在认知负荷。这是无效的认知负荷。

3. **有效认知负荷**（Germane cognitive load）：跟一些教学

活动有关，能帮助学习者建立认知基模促进学习效果。是有效的外在认知负荷。

内在认知负荷 + 外在认知负荷 + 有效认知负荷 < 工作记忆容量

斯威勒指出，如果教材或学习程序远超过学习者的工作记忆容量，将有损学习者的理解、学习和问题解决能力。客户的“内在认知负荷”难以被我们的提案改变，因此我们要让客户的“外在认知负荷”降低，才能帮助客户记忆与学习。

2-6

99% 的人犯的错误：条例式内容

你如果让客户花太多时间处理文字，客户就会爆炸！

一旦信息超过客户的认知，影响学习与理解效率时，就会产生认知负荷超载。尤其是文字方面，我们对文字的理解与记忆都比较低。

根据双通道原则可知，视觉通道处理照片、图画、表格、文字等；语言通道处理演讲者叙述的内容。如果放一些无关的内容或者有外在的干扰都会产生过多的负荷。

阿金森认为：

“尽管银幕上的文字是由视觉组成的，但工作记忆快速地将显示内容‘文字化’处理，并将它们通过语言通道传送给大脑。”

所以，你在讲台上演示讲述时，客户一边听你讲述，一边要看条例式文字，这样会造成大脑的听觉皮质超载。

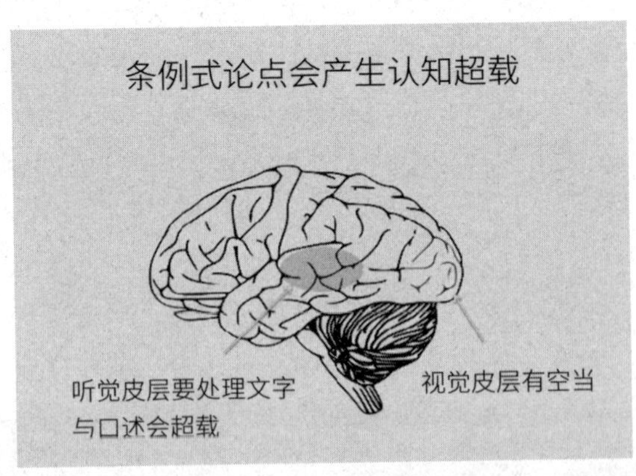

下面这些规划，会造成外在认知负荷增加

PPT 提案在规划与设计上会增加外在认知负荷的状况有：

1. 架构没有连贯一致。
2. 文字过多，视觉轰炸容易导致疲倦。
3. 图与表过于复杂，解读困难，难以理解。
4. 颜色与格调不协调，处处有冲突与矛盾。
5. 没有提供适当的线索，缺乏重点指引。

这些我们会在后面的章节一一提出解决办法，克服客户在 PPT 提案认知上的问题。

2-7

比起设计，更关键的是核心价值

如果你没有好的内容，就算客户理解也没有用

曾经看过一份 PPT 提案的设计档案，一开头就注明：“PPT 提案的目的在于让别人更好地理解自己要表达的内容。”大家觉得这个说法有没有问题。

看起来没什么问题，让别人理解是很重要的观点，别人不了解你的内容，什么都不用讲。但是后来想一想，如果目的是要让别人理解，用 Word 文档就可以了，还用劳师动众？只是为了让人理解就耗费时间与精力准备 PPT 提案，还有成本的花费，值得吗？可见这种观点是有问题的。

更何况，如果没有好的内容，就算别人都理解了你的 PPT 提案，有用吗？

PPT 提案的目的是要让客户改变

于是，我就拿起“5why”法来挖掘这个问题：

A：使用 PPT 提案的目的，为什么是让别人了解内容呢？

B：因为别人不熟悉我们的内容。

A：别人不熟悉为什么不用 Word 文档让他阅读就可以呢？

B：因为口头说明比较容易说服他人。

A：既然如此，为什么说服他人要用 PPT 提案？

B：因为说服他人不容易，要先了解客户，然后提出有利观点，通过口语表达、肢体语言，用 PPT 提案比较能聚焦与融合这些技巧，达到双赢。

A：让他们了解内容，说服他们，就能达到双赢吗？

B：还需要让他们采用我们的方案。

A：为什么采用我们的方案才是目的呢？

B：因为我们可以获取利润，客户可以降低成本或节省时间。

当然，这里的 PPT 提案虽然是 PowerPoint 的简称，但是应该是指 PPT 提案设计，而不是单指 PPT 提案软件。

这样自问自答之间，我们就可以知道，我们规划 PPT 提案的核心（目的）是什么。

“Why”有一种“下一步”或者“然后呢？”的味道，渐渐地，我们就知道要提供什么价值给客户，如何建立架构与流程，经此深挖之后，知道光让他人了解我们的内容是不够的。我们站在台上，PPT 提案是要让客户改变，如果只是让他知道内容，他就会停在原点，因为人有惰性，喜欢舒适圈，规避风险。

所以，改变意味着脱离某些现况，承担风险。

你也可以提出“然后呢？”，此时，就会往下思考。当然每个人的思考方法是不一样的，也有可能马上跳到采取我们的方案，或者发展出其他分支。但是，这让我们知道深挖的好处，让自己不要停在某一个点上，必须思考“这样就够了吗？”“然后呢？”

提案两大重点：核心价值、推广价值

在 PPT 提案规划上，我们必须了解两大重点：一个是我们的目的，也就是核心价值的主张；另外一个是如何推广价值的流程。

PPT 提案是一种 What → Why → How 的过程：

1. What 是提供什么样的核心价值。

2. Why 是探讨为什么可以双赢，为什么这是合理的推论与证据，为什么是有效的。

3. How 是达到目的的步骤。

Why 与 How 需围绕核心价值进行解释与支持，也就是，他们彼此需要有坚固的连接性与关系。

前些日子，台北市长柯文哲在过年期间拆除忠孝桥的北门引道，使北门这座清朝时期的古迹重见天日。在大家称赞之余，有人开始评论周遭建筑，有一张照片，左边是日本建设的邮局，非常典雅；中间是清朝的北门，相当质朴、耐看；而右边是看起来高大，却满是污渍、丑陋的台湾近几年才盖的大楼，还布满广告招牌。

照片一出，众人哗然，这体现了各个时期当局对建筑美学的核心价值看法。

光鲜夺目的招牌就能代表一个区域的活力与科技感吗？这样的建筑方式适合吗？值得怀疑。日本京都是一座古都，过多光鲜夺目的招牌会削弱古都的气氛，所以京都存在的核心价值是让古都保持原样，过多的招牌是不恰当的。因此，招牌的色彩必须降低，以浅色系为主，任何商家都要迎合古都原貌。

所以，当政者就要制定法律并规范商家招牌使用规则以便维持古都的核心价值，游客去京都是看原汁原味的京都，而不是看加料的古都。

台北市市长的核心价值是维持北门的原样，质朴美学，配合周遭的建筑物。当然，要拆掉私人的建筑物是有困难的，但管理招牌却是可行的，让招牌不要影响北门的风采，其他周遭任何东西都要配合北门，游客去北门是看百年前的样貌，感受质朴的气息。

这就跟我们做销售提案一样，先找到核心价值，然后找到推广价值的方法。

2-8

卖家多的是，如何让客户只向你买

你的销售 PPT 提案中最重要的独特价值主张

主张你的独特价值 UVP

罗瑟·瑞夫斯（Rosser Reeves）是有名的广告大师，20 世纪 50 年代，他提出独特销售主张（Unique Selling Proposition，简称“USP”），也就是我们常常听到的产品的卖点是什么。

他认为，你需要知道你的产品或服务与竞争对手的差异点，还要了解客户所关注的利益；必须集中资源发展这些差异点，让客户采取行动。但是这是以产品为出发点，在产品类型相似度极高的市场中，被模仿的速度也很快。

所以，又有独特价值主张（Unique Value Proposition）被提出，以客户来引导思考，想想看，企业能提供给客户所需要的价值到底是什么。

客户到底要什么呢？当然是满足他的需求，我们可以分成两个部分：一是隐藏需求，另外一个是明确需求。

这两点就是解决他们当下的痛苦，或者让他们达到未来的快乐。客户希望你的公司能满足他的需求，所以，他想要看看你到底能提供什么样的价值来满足他。我们必须将公司的价值传播给客户，这就是所谓价值主张。

如何找到你要销售的独特价值

《商业模式新生代》（*Business Model Generation,BMG*）是一本教人如何创业的书，它将价值主张定义为：

1. **客户跟你购买，不跟其他公司购买的原因。**
2. **解决客户的问题点或满足他们的需求。**
3. **公司满足客户利益的一系列产品或服务。**

所以，你要将公司里的优势进行整合形成独特的价值，这些价值整合可能是定量或者定性的。BMG 列出了一些创造价值的要素，例如：新颖、性能、定制化、设计、价格、成本与风险降低、可及性、便利性、易用性。

这些要素可以归纳为功能性（iPhone 很好操作）、情感性（拿 iPhone 很“潮”）与社会性（很多人用 iPhone）。

艾希·莫瑞亚（Ash Maurya）在其《精益创业实战》中提出的“UVP”是：

你的产品有何不同，以及为什么值得众人瞩目。

2-9

如何简单地提出你的价值主张

打动客户的价值主张才是 PPT 提案的动人之处

主张就是说出来，传播出去，也可以写在幻灯片上通过 PPT 提案，说给客户听。所以，你的价值必须独特，才能通过客户的短期记忆，而且要简单不能太复杂，否则会超过客户的认知负荷，产生过载的情况。

奇普·希思与丹·希思认为："简单 = 核心 + 简洁。"

他们还认为："简洁的语句或许很有黏合性，但那并不能保证它的价值。简洁的句子也有可能是不实的，如'地球是平的'，也有可能毫不相关，如'山羊喜欢嫩草'，也有可能是不好的建议，如'不可一日不买鞋'。"

所以，我们提出的独特价值主张需要一个"简单"的陈述方式，需要移除其他非重要枝节（也是有价值的），内容要跟客户有关系，关系到他的利益，而且陈述要真实，是可行的，也就是企业或个人可以达成或执行的。

关键是彰显你的价值链

如果你是一块铁，你想成为什么？这是我上课时最喜欢问的问题。我们换个方法问，假设你手上有一块铁，你要如何卖给客户？

1. 我有一块 50 公斤的铁，一公斤 20 元，卖给你 1000 元好吗？

2. 我这块铁，可以做成 100 个水沟盖，一个卖 300 元，你可以转卖 500 元，可以赚 2 万元。

3. 你看这块铁价值不菲，我要做成劳力士手表，我估计你可以赚 100 万。

投入→V→产出

图中的 V 是一种转换成有价值的工具，可能是制造，也有可能是运输、通路、包装、广告、设计……所以，投入原始资源加上附加价值就能成为高质量的产出。

如果你这块铁，经过你的手之后，什么都没加上去，当然价值不高，客户的兴趣也不高，毕竟他跟其他供货商可能买到一公斤只要 19 元的铁；如果你这块铁，经过工厂的加工与制造之后，可以让客户赚 2 万元，他应该很高兴；如果你这块铁，经过设计、制造、营销与广告加工之后，产生优质的附加价值，你的客户会爱你爱得要命。

这个加值的过程，称为“价值链”。

如何描述你的独特价值名目

价值主张（Value Proposition，简称“VP”）要与目标客户群（Customer Segments，简称“CS”）产生连接，也就是你的 VP 必须跟 CS 有关，为他们的需求服务。

除了《商业模式新生代》这本书所提及的价值，比尔·斯汀奈特（Bill Stinnett）的《换上顾客的脑袋》也提出了 8 项价值名目：

- 经济价值：增加收入或降低成本。
- 时间价值：减少运输、操作、执行、交付等时间。
- 品质价值：降低瑕疵率，提升客户服务。
- 指导价值：增加经验值，消除错误率。
- 形象价值：提升企业或个人公众印象。
- 关系价值：取得客户忠诚度，降低冲突性。

· 简单化价值：减少抉择、操作、阻力等困扰。

· 感情价值：情绪的满足，被认同、有归属感的感觉。

从这几项之中，我们可以找到你所拥有的独特价值诉求，来满足目标客户群的需求。

成功的价值主张就是：解决客户的困难

前面我们提过“Jobs to be done”，这是克莱顿·克里斯坦森在其文章 *The Innovator's Solution* 中所提出的。一般来讲，我们习惯以年龄、地理、文化、教育因素等来找出适当的目标客户群，有些人会认为这样分类太大了，但要往下区分到多细却没有一定的衡量标准。

营销大师西奥多·莱维特（Theodore Levitt）认为，客户是买墙壁上的孔洞，而不是买钻孔机。他的意思是要注意解决客户的困难，而不是关注产品。Jobs to be done 是客户待完成的工作，也就是客户的困难点，解决客户的困难点，这才是企业主要的工作。

所以，如何主张你的独特价值，我们有许多思考条件：

1. 必须考虑目标客户群是否难以衡量，需要转到 Jobs to be done 方面。

2. 思考你的资源转成 VP 的方式，让客户晚上做梦也想要。

3. 将 BMG 的价值创造加上 8 项名目价值组合来找出目标客户群的需求。

2-10

这 10 个关键词，客户听到就会买！

关键不在漂亮词汇，而是那些打动客户的关键词

接下来我们必须考虑 UVP 要用文字来表达，才能让人理解。

适合价值主张的“关键词”

FAB 是销售上面的话术，是指产品的特性（Feature）、优点（Advantage）、利益（Benefit）。

它可以让你了解你所提供的产品或服务应如何表达才能快速打动客户的心。你可以先列出你的 FAB（第四部分还会有专门介绍）。

我们要利用 PPT 提案向客户主张我们的价值，当然是通过文字来表达。通常只要短短一行字让客户迅速了解即可。下表是常见的价值字词，如果你实在想不出来，可以利用这些字词来为你的 PPT 提案找适当的文字。

然后，我们再进行关键用句的组合。

价值观与特质关键词				
爱	沟通	才能	知识	安全感
专业	礼貌	友情	实际	帮助别人
渊博	忠诚	胜利	努力	被人喜爱
公平	负责	整洁	正确	身体舒适
慷慨	服务	独处	完美	和睦相处
冒险	准时	诚实	信任	遵循传统
合法	合作	参与	幸运	漂亮外表
充实	明智	自觉	事业心	保护资源
承诺	给予	繁荣	想象力	履行义务
激情	健康	成功	适应性	受人尊敬
竞争	贡献	真理	有权威	维护信仰
整合	幽默	品质	使命感	自我约束
坚韧	高效	财富	创造力	举止高贵
客观	清白	秩序	有勇气	采取主动
可靠	宽容	决断	影响力	深思熟虑
清晰	优秀	智慧	有情趣	学习新技能
和平	自由	人性	有把握	放松和非正式

十大吸引力字眼一定要用

你要满足客户的需求，此需求通常是快乐与痛苦，所以你必须要用“增加”或“降低”这两个动词。

除了“增加”以外，你也可以使用提升、满足、提供、产生、提高等所谓的正面词语；至于“降低”之外的词语，可以是减少、削减、取消、归零、收回等负面词语。

大部分人喜欢轻松、没有压力的状态，紧张与烦躁的心态下容易生病。所以，我们不喜欢有很多文字的 PPT 提案。当然，我们对某些简单的词语也特别眷恋，这些词语容易引起我们的注意并通过我们的短期记忆。

包含十大吸引力的字眼：免费、折扣、立刻、简单、你、便捷、保证、稀少、更、新的。

免费	大部分人喜欢贪小便宜，不用说明就知道这两个字的力量
折扣	当然不可能样样都是免费的，或者任何活动都是零成本，店家也要赚钱，但折扣确实能吸引客户的眼光，人们对钱是很敏感的
立刻	这很容易理解，我们不喜欢等待。你在 PPT 提案中提供一个方案，客户如果喜欢的话，他们会想要马上使用或执行。最好有数字呈现，能更具体化地表示立刻的意思
简单	我们喜欢不费脑筋的事情，客户希望拿回家就可以用，或者三五个步骤就能完成
你	“你”有点“定制化”的感觉，当你的价值主张中提到“你”这个字，就好像我专门为你服务，有尊荣感。我们都是以自我为中心的，使用“你”，价值主张就变得亲切。乔布斯喜欢用“你”这个字，除了让你感觉他跟你说话有尊荣感，还有动作持续性，表示客户已经投入其中，在跟你一起操作
便捷	这是方便与快速的意思，容易拿到、使用、执行，会让客户感觉轻松

（续表）

保证	保证能让客户感觉风险降低，风险常常让客户犹豫不决，你要形成群众动能，提供证据越多，保证就越多，风险就越低
稀少	名人作品、古代绝版都是稀少的东西，价格都比较贵，让人有强烈收藏的意愿
更	人们很难做决定，“更”是比较之后的结果，例如：更便宜、更好。如此，客户会更快决定
新的	人们喜新厌旧，当我们选择新的事物就会刺激大脑，启动奖励中心并释放多巴胺，让自己感觉愉快

看看那些成功销售用了哪些价值主张文案

下面是我们常常听到的价值主张：

企业	价值主张	说明
达美乐	30 分钟保证送达	它使用时间价值，主张中以“保证”字眼显示，也隐藏便捷的意思
PCHome	全台保证 24 小时到货	也使用时间价值，以“保证”字眼显示，隐含便捷的意思
华硕	华硕品质，坚若磐石	使用质量价值，隐含保证、简单的意思
屈臣氏	不是屈臣氏，不要随便乱发誓	它强调便宜，所以是经济价值，还隐含稀少的意思

当然，你的价值需要企业的资源支撑才可行。像 PCHome，如果 24 小时客户没收到，就会有 100 元返券；而屈臣氏，买贵退两倍差价，想传达给顾客屈臣氏商品最便宜的印象，但有些商品并不如此，最后会造成消费纠纷。所以，如果做不到，就不要提出这个 UVP，否则会破坏自己的形象。

客户想听的“利益”关键词

利益才是客户想要的，产品的特性是无法满足客户的需求的。

我们再将上面的价值项目进一步分类，底下的词语通常是客户想要的利益。

· 提升业绩
· 增加利润
· 降低成本
· 缩短流程
· 减少时间
· 巩固品质
· 强化服务
· 维持关系
· 提高生产力
· 活用人力资源
· 增加资产利用率

接下来我们就可以利用上面所提的方法，来创造 PPT 提案的独特价值主张 UVP。

举例，对企业方面：

1. 3 个简单的 ABC 步骤减少工作流程。

2. 使用 5 项 x 方法让客户快速提升利润。

3. Y 公司保证采取 ABC 法可以 3 个月内节省成本 100 万。

举例，对个人方面：

1. 利用我们网站的方法，你不用付一毛钱。

2. 24 小时立刻到府，否则赔 300 元。

3. 只要 1 个星期，你的沟通会更加顺利。

客户需要的是利益，所以最好事先询问客户的需求才能取得利益。把听众当成客户，进行客户访谈总比自己猜想要好。

2-11

规划逻辑，让论点更有力！

没有逻辑架构的 PPT 提案，听起来一点说服力都没有

我们了解了核心价值，然后，规划超棒的 UVP，是让客户清楚地了解他来会场的目的。接下来，要进行流程的规划与架构的建立。

PPT 提案通常是直线型的说服方式，一般而言，开场是热身、破冰与说明主题；接下来，中场是推论、证据与说服论点；收场是结论、回答问题与促进交易。

这些都需要围绕着核心价值，不能离开太远。

问题解决的金字塔架构

PPT 提案虽然是宣传你的核心价值，但是客户有个难点，急需处理，所以需要有人帮他解决又急又重要的难点。你的独特价值就是来解决他这个问题。所以，你的架构是规划一个问题解决的流程。

1. 了解问题：了解客户的问题所在。

2. 分析状况：分析这个问题出现的原因，以及提出证据与关键要素。

3. 提出方案：然后提出你的解决方案，并证实这个方案可行，提出证据或成功案例。

4. 选择利益：我们所提出的一些对客户有价值的利益点，关系到他们的生存。

5. 采取行动:说明实行方案的步骤与风险,并激励客户作决策。

就如下图一样，客户目前处在一个糟糕的境界 X，他想要到达愉快的境界 Z，需要有解决方案协助他，还有一些过程让他可以执行。

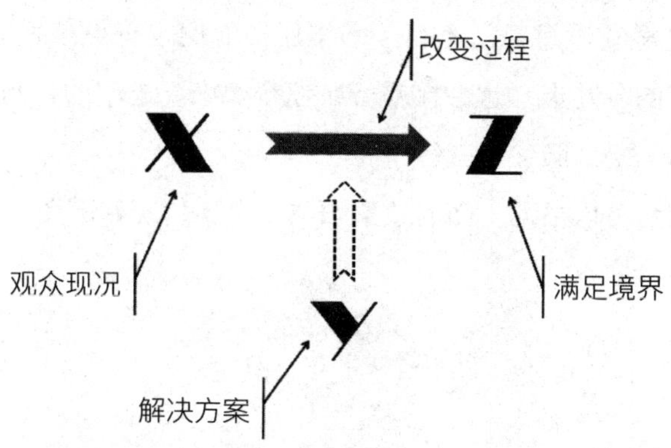

此时,你要规划你的销售 PPT 提案问题解决架构。明托的“金字塔原理”是很好的问题解决架构，它利用归纳与演绎的逻辑来整理论点。

问题解决逻辑的示范

如果我们有段故事：

“春娇与志明这对恩爱的情侣，手牵手漫步在九月份的山上，空气中弥漫着朦朦胧胧的雾气，散发一股幸福的感觉，在这种气氛的感染之下，他们想要就此私订终身。想起这几年来躲躲藏藏的日子，志明心里对春娇感到非常愧疚，总希望给她一个适当的名分。但是，志明出生在有名望的家族，而春娇则来自乡下，父母反对他们交往，让他们无法结成连理。

他们认为结婚之后，在外租个小套房，拖一年时间，这时志明的父母怒气也消了。还有，一年后，他们也有小孩了，父母看在小孩子的分儿上，也会接受春娇这个媳妇。志明的奶奶最疼他，到时再请奶奶说服父母就行了。”

我们就可以根据上面的故事归纳一个架构，如下图所示：

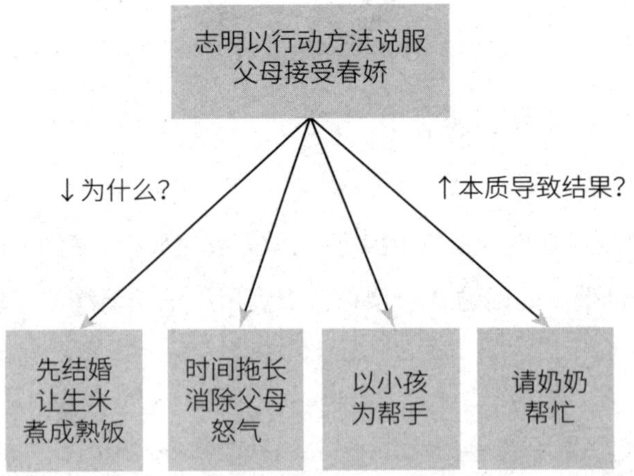

如果我们有份问卷调查：希望供应商能解决我的问题，以条例式项目显示如下：

1. 检视客户要求
2. 遵守客户要求
3. 准时交货
4. 存货服务水平
5. 订货的准确度
6. 相关人员回应
7. 订单完成度
8. 正确的出货记录
9. 急单的回应
10. 订单状态与配送资料
11. 运输的稳定性
12. 盘点的正确性
13. 班表安排
14. 库存检视

根据上面的条例式项目，可以归纳出下面的树形图。

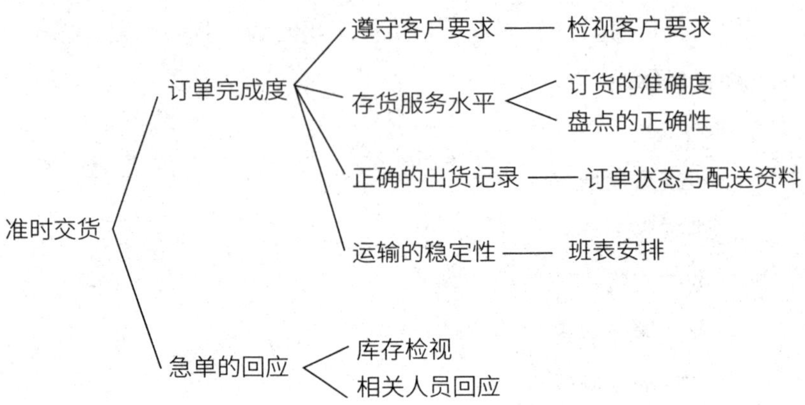

这两个案例一个是有故事的叙述，由上往下整理出完整的架构；另外一个是只有条例式论点，由下往上建立架构。第二个架构看起来是一个树形图，只要将图片顺时针转 90 度就是一个金字塔架构。

逻辑主线是我们在 PPT 提案所要呈现的论点，也是我们前面所提的水平检视要符合逻辑的论点。

有逻辑架构，才有有力论点。

2-12

如何描述有力的论点与结论

有时候千头万绪，但必须结论有力，客户才会信服

用 KJ 法来归纳思考

KJ 法是日本教授川喜田二郎（Kawakita Jiro）先生首创的，由他的英文姓名的首字母命名而成，是一种归纳分类找出解决问题新办法的思考方式。

我们一开始可能没有一个适当的方法解决问题或搜集数据，所以可以先将方法写在卡片中，接着进行归纳、分析等步骤来解决问题并得出结论。它的程序是：

1. 主题定义

主题是明确能解决问题点的叙述，就如我们前面所说明的，表面化的叙述无法解释问题点，看到冰山一角是不够的，唯有通过不断地质问才能找出躲在海平面下的冰块。

2. 提出想法

接下来提出我们对解决问题的看法，不要让自己的思考受限。

3. 一卡一记录

然后写在卡片中，一张卡片一个方法。

4. 群组卡片

将卡片收集，随意放在桌上，仔细阅读卡片，并将概念、程序等类似或有共通属性的卡片分组。

5. 群组标签化

将该组的卡片给予卷标，使用一个抽象名词，以该名词检验每张卡片，如果有问题应该重新命名或分组。

6. 图解说明

分组要重复往上再分组，并圈选不同标签，说明彼此的关系。

7. 结论叙述

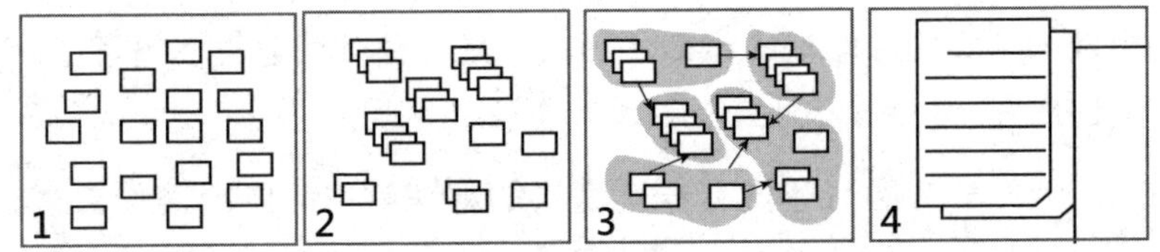

得出结论，以文章或 PPT 提案形式发表。

脑力激荡法与 KJ 法可以一起使用，首先用脑力激荡法将所有概念提出并写在卡片上（思考奔放），接着应用 KJ 法，一步一步地完成结论（结论归纳）。

你可以用 xMind 将你的想法写下来，然后移动各个论点组成为一个架构；或者找一张大桌子，将观点写在便利贴上，然后贴在桌子上，移动便利贴将它们归纳成一个架构。

我们在解决问题或规划架构时，思考可能太过混乱与跳跃，因此，我们需要将这些观点归纳整理成有用的信息，脑力激荡法是将点子激发出来的方法，KJ 法是将这些想法归纳成有用的信息。

你可以“由上往下”说出故事，再进行逻辑分析，也可以“由下往上”归纳各个论点，两者都可以整合成一个金字塔架构。

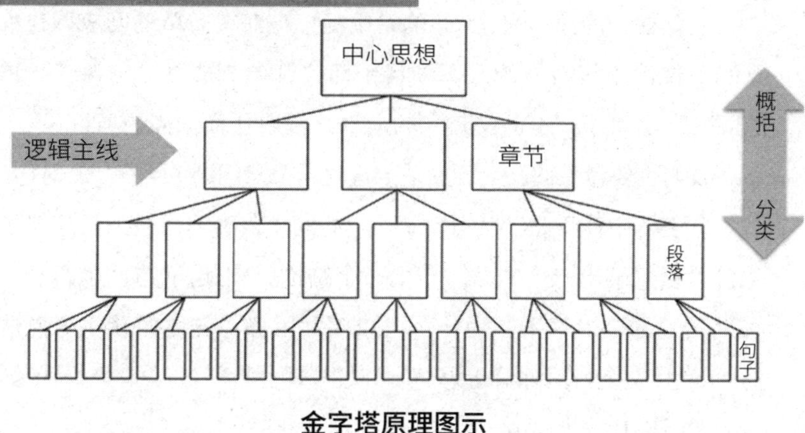

金字塔原理图示

反复检验你的架构

我们规划一个金字塔架构，但是不知道它们彼此之间是否关系密切，所以必须检验此架构各个项目之间的逻辑关系，包含上下项目之间与平行项目之间的关系，称为“MECE”（mutually exclusive，collectively exhaustive），彼此独立全无遗漏。

高杉尚孝在他的书《麦肯锡问题分析与解决技巧》中提到：“将事物进行分解，从结构去理解全体，这种思考方式的精髓，就呈现在 MECE 之中。”

我们看看上面的问卷调查报告，如果我们根据条例式项目一项一项地写入幻灯片，我们将看不到实际问题与架构，当我们归纳之后，建立一个金字塔架构，我们就能清楚看到是准时交货的问题。

彼此独立的意思是，“订单完成度”与对“急单的回应”是独立的，彼此不是对方的底下项目；而“订单完成度”与对“急单的回应”是属于“准时交货”的全部，没有任何遗漏的项目。

我们也要考虑彼此上下关系，建立一个“问题 / 回答”的对话。

金字塔中往下是“为什么？”，发生什么事情，往上是这些子项目可以归纳出一个本质，产生一个结论。因此，“志明以行动方法说服父母接受春娇”为什么可以呢？因为“先结婚让生米煮成熟饭”“时间拖长消除父母怒气”“以小孩为帮手”与“请奶奶帮忙”等因素，能让志明成功。

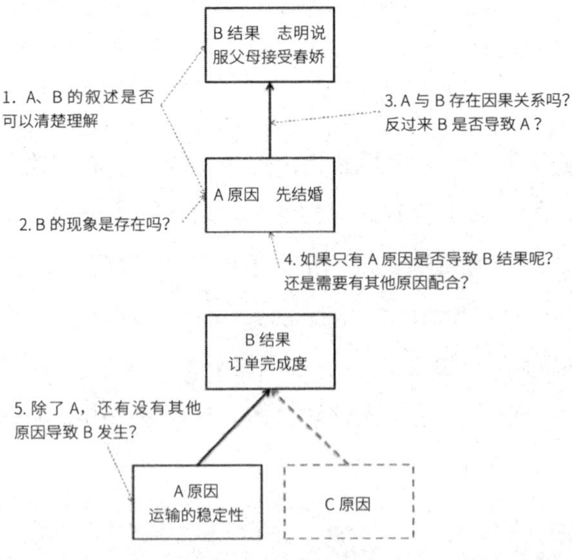

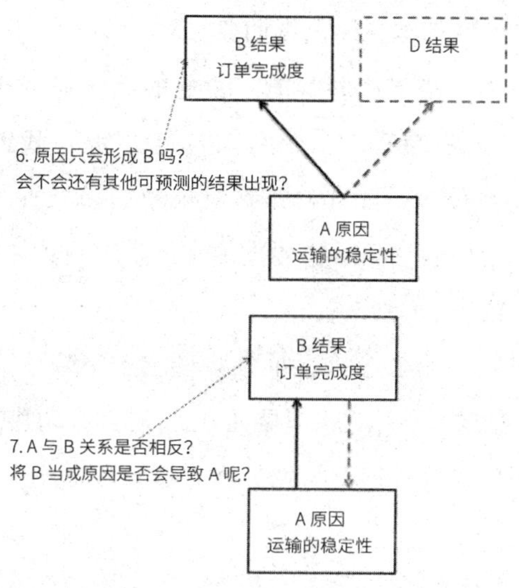

明托认为："金字塔中的论点有三种关联性，向上、向下以及横向关系。上层的论点是下一层的一组论点的总结，而下层的这些论点则反过来解释或支持上层的论点。同时，同一组论点彼此之间以符合逻辑的顺序横向排列。"此"符合逻辑的顺序横向排列"是我们前面所提到的时间、结构与程度的顺序。

明确陈述，拒绝模糊不清与误解

美籍日裔学者 S. I. 早川（S. I. Hayakawa）曾在《语言与人生》里提出"抽象阶梯"（Abstraction Ladder）的概念。物质构成是非语言层次，其他是语言层次，也就是说，可以用语言来叙述这个现象。往下越具体，往上越抽象。

假设我有一只猫，喵喵，胖胖的，黄色的毛，有点奸诈。如果我们说："我养了一只会动的、有血有肉的动物。"我想大部分人都听不懂你指的是什么，除非对方看过你家的猫。所以，为了让沟通清楚明了，我们的抽象阶梯要往下走，走向更具体的方向，彼此的认知才能一致。

早川认为，有效的语言应该在抽象阶梯上上下来往，可以用底层语言（我家的猫）说明，就不要用上层语言（动物）表达。金字塔也是越上面越抽象，越下面越具体，越容易理解。

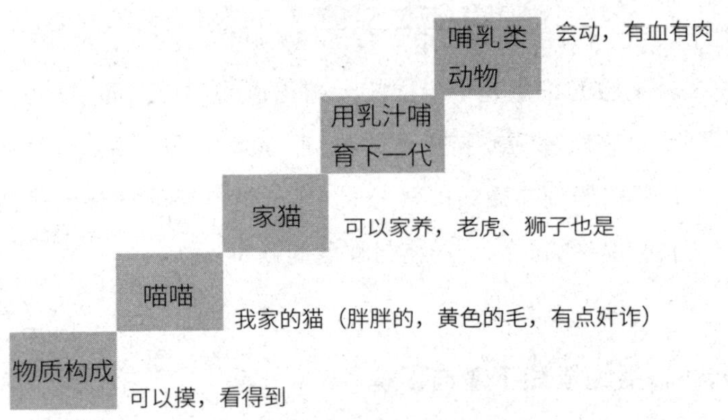

"陈述明确性"是不要让人产生误解或叙述模糊不清，有时双关语让人转不过来，而满口专业用语让人根本无法了解。

"遵守客户要求"是上层比较抽象的语言，该叙述有点模糊不清，它底下有一层项目“检视客户要求”也不是很清楚，到底检视客户什么样的要求，转换成“检视客户每日库存要求回报”就很完整了。

这样就可以达到“遵守客户要求”吗？当然不行。这就是要因不充分，虽然调查报告没有这一项，但是，我们必须找到其他充分的原因来支撑结果，这也是明托所谓的“绝无遗漏”。你要找到“遵守客户要求”的其他原因，或许是“每周一定期送货会议检讨”，当然，询问客户是一个最好的方法。

论述文案最好是“行动语句”

再来看“存货服务水平”项目，它缺少完整性，这是我们习惯用名词当成标题的结果。完整明确的陈述应包含“主词”“叙词”与“状态词”。[①] 我们用例子说明：

“时间拖长”是主词，“消除”是状态词，“父母怒气”是叙词。

“检视客户”是主词，“每日库存”是叙词，“要求回报”是状态词。

所以，一个完整句子应包含三个部分，前后可以调整。动词是描述动作与状态的词汇，状态词是动词或动词加名词表述。

安迪·麦斯兰（Andy Maslen）在《写出销售力》中提到：“以行动为主导的文章既积极又有生气，动词能推动故事的进行。”

---

① 李杰在《限制理论解决模式中现况树逻辑检视之研究》中提出此想法。

所以，他认为应多用动词少用名词。同时他觉得形容词跟副词也要少用，例如，“一只猫坐在地毯上”简单明了，而“一只毛茸茸的大肥猫慵懒地坐在柔滑的圆形地毯上”则显得太累赘。

最好的 PPT 提案，用动词构成

明托说明：“想象有一个真实的人切实采取这个行动，因而你可以看到他将会有什么结果，然后根据这个最后的结果来阐述这项行动。”所以，“减少应收账款”的结果是“建立系统追讨预期账款”，“运输的稳定性”的结果是“强化车辆设备的检验与规划系统”，最后的结果能让我们进一步思考下一步应该如何阐述。

所以，在我们用由上而下或由下而上的方法建立 PPT 提案规划架构时，这不一定是逻辑完备、陈述明确的架构，还要通过检验项目之间的关系才能确定逻辑关系稳固。

2-13

改变提案流程就能改变客户决策

先说什么，决定了客户要不要听你的销售提案

有完整清晰的架构，提案流程就大致完成了，我们的目的是帮助客户解决问题，所以前提是彼此之间要有共同的问题点产生，才能有共鸣。流程中通常有开场、中场推论与收场，我们在第四部分里会对每个场合的表达方式作详细介绍。

应该先收拾餐盘还是先服务客人

有一次我到某锅贴连锁店用餐，假日期间生意非常好，客人很多。我进去之后，看到有些桌子堆满餐盘，我不习惯用餐的时候桌上杯盘狼藉，于是找了个角落小桌坐了下来。点完餐之后，就等着上菜，假日生意实在很好，等了很久才吃到锅贴。

在这期间，我看到三组客人进来，第一组两位同学左看右看都没干净的位置，于是就随便找个位子坐了下来，她们点完菜把菜单还给服务员，就坐着等上菜；第二组客人是一对夫妇，也是找不到干净的位置，于是随便找个空位就坐下来；第三组的两位看起来像是朋友关系，也一样找个位置坐下来。

这三组客人对满桌用过的餐盘都有不同的反应：第一组坐在那边动也不动；第二组会把餐盘收一收放在旁边；第三组坐了一

会儿，没点餐，看了看服务员好像没有要来收拾餐盘的意思，不满意地走了。

我看了一眼服务员，他们都很忙碌，根本没有时间收餐盘，还有一个正在包锅贴。外面也有很多客人正在等外卖，可见，人手确实不够。过了许久，第一组与第二组比我晚到的竟然先上菜，让我一肚子火。

在高峰期才能显示出服务业管理的好坏，平常的日子客人少，大家都做太平官，随便就能满足客人的需求。等到高峰期来了，所有弊端就会显露出来。餐饮业的高峰期最好预测，用餐期间的两个小时而已，假日人数多一点，可能高峰期时间会长一点。尽管如此，这家店经营许久，还是会发生上面所提到的弊端。

产生这些弊端的原因：

1. **预备材料有问题**：在假日客人很多的时候，服务员就会忙不过来，但是还有人在包锅贴，可见锅贴不够了。所以不得已在忙碌的时候也要坐下来包锅贴。准备足够的锅贴，应该在开店之前就要开始预测今天的量。

2. **高峰期时桌上餐盘收拾问题**：服务员确实很忙，但是一般情况下，人的消费心理是用餐时不喜欢旁边有剩下的餐盘。所以不管怎样，人手再不足，也要把桌上清理干净。

3. **先来后到问题**：消费者在消费期间最讨厌别人插队，虽然这两组客人并没有主观意识上插队，但是这家店协助他们插在我前面，当然用餐的人心里会有不舒服的感觉。

4. **人员安排问题**：餐厅这时共有五个服务员，却手忙脚乱，这应该是长时间的问题，店长必须面对是否增加一人的考虑。这是我们经营的根本问题，成本与消费者满意的平衡。从进入餐厅写完菜单到坐在位子上等上菜，是消费者最不耐烦的时刻，在餐厅里装台电视，或者放些杂志，消费者在看电视或书报杂志时，时间一下子就过去了，不会让他们有孤独等待的时间。

从这个案例中，可以看出流程安排不当造成了大多数的问题。预备材料准备不足，造成人员抽离、人力不足的问题；要先收拾餐桌还是先让客户进来的流程问题；送餐先来后到的问题。

这些流程安排不当，造成客户对这家店的印象不好也是理所当然的。

改变提案流程，就能改变客户购买决策

巴登认为，改善购买流程可以改变购买决策。

有一所学校的校长想要改善学生的健康状况，让学生多吃蔬菜，少吃高热量餐点，于是他改变餐厅食物放置的位置，没有更改任何菜单。

他把西蓝花移到最前面，消费量从 10% 提升到 15%；冷冻柜的盖子改成不透明的，选购冰激凌的学生从 30% 减少到 14%；餐点包含水果，所以消费量增加 71%；原味牛奶移到巧克力牛奶后，更多学生选择原味牛奶；蔬菜沙拉移到结账柜台旁边，销售

量提升近 3 倍。[1]

正确依序展开，提案才能打动人心

这两个案例让我们知道流程改变确实可以影响客户的观感与消费决策。

而 PPT 提案的流程也确实影响客户对 PPT 提案的观感与理解程度。

虽然这两个案例是实际消费，与 PPT 提案只是听取信息有点不同，但都牵涉到知觉感应，知觉感应影响我们的决策系统。冰柜用不透明盖子造成视觉阻碍，影响了消费知觉，所以消费会降低。人们有先入为主的观念，所以西蓝花移到前面形成消费提升。沙拉移到柜台旁，当学生结账排队时，有空余时间，所以可以随手进行选购。而我先到餐厅，当然餐点应该我先点，结果没有轮到我，这就会造成我的感受不舒服。用餐时间看到满桌未收拾的餐盘，客户坐在位置上等待时，当然会觉得恶心和不受到尊重。还有食材准备不足，要将用餐前的动作移到用餐中来进行，消费者当然要耐心等候。

罗杰·杜利（Roger Dooley）提出“依序诱发”概念，是指当学者进行焦点访谈时，候选人的影片播放顺序，影响观看者的

---

① 巴登在《营销前必修的购物心理学》中阐述了相关观点，流程对购物决策影响重大。

认知，把顺序弄对是传递正确信息的重要技巧[①]。

流程关系各元素之间的顺序与要不要显示某个元素应该考虑，所以西蓝花与沙拉要改变放置的顺序，而脏乱的餐盘与冰激凌等不要的东西就让它消失。

PPT 提案的时间通常不长，你要把所有东西都放在里面，会造成认知超载，所以去掉不重要的信息确实是值得思考的关键。要记得大部分人喜欢重要信息，而一开头就讲重要结论对客户的判断会有很大的影响。

先后顺序也反映了一个事实，就是规划项目顺序的安排，很多演讲者都希望看到漂亮的幻灯片，网络上也充斥着如何设计好看的幻灯片的教学。

但是，就如前面我们所说的，客户（听众）才是这个 PPT 提案里面最重要的，如何用架构、流程与口语来说服客户才是应当优先考虑的。

① 杜利在《大脑拒绝不了的营销》中认为，观看的顺序会对他们的意见造成很大影响。

改变你的 PPT 提案顺序

一般而言，普通的流程是：

项目	进行顺序	说明
开场部分	开场白	通常以时事或幽默话语为开场白
	问候语	要注意主要 key man 的背景，尤其是姓名与职称
	自我介绍	清楚表明自己的来历，还有说明为何有资格来这里提出 PPT 提案
	背景说明	讲述 PPT 提案的简短背景，与本公司背景，还有为何能解决这个问题
主体推论	理由 1 理由 2 理由 3	逻辑推论可分为归纳与演绎，用此方法一般人比较能接受也能清楚明白，但是这些推论的理由必须跟成果有相当大的关系，否则很难说服对方
总结报告	结论	成果说明
	投入资源	需要对方多少人力、物力与成本的配合，还有我方的支持条件
	下一步行动	制定下次开会日程或列出负责人的行程表
议题讨论	问题表列	一边向客户说明，一边记录新问题点

这是中规中矩的表达方式，整个流程就像说故事一样，一个冲破难关并解决问题的故事，关系我们俩的未来，所以有难关或障碍需要突破，有未来与愿景需要达成。

但是就如我们前面所说的，客户在开场时的注意力最强，然后 10 分钟后，慢慢递减，精神开始减弱，注意力开始涣散。所以，为了让客户听到他感兴趣的话题，你要把关系到他的主要成果也就是愿景表达出来，马上吸引他的注意与兴趣，他会乐意听取为什么可以达到这个愿景与达到这个境界的方法与步骤。

当我们展开动之以情的开场白，客户对我们有了初步的印象，接下来，再报告诱之以利的成果时，客户会眼睛放光，一定想继续聆听下去。

为什么能取得这些成果？必须有什么步骤？我需要付出多少资源？我们必须告诉对方这些理由，理由必须是逻辑推演而来，不是乱拼凑，否则对方一定还会问 Why？ Why？ Why？你可以依照底下的流程进行 PPT 提案。

你的 PPT 提案规划表格

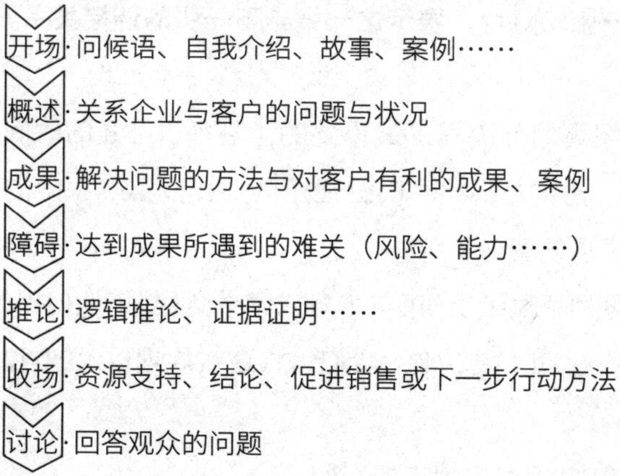

- 开场·问候语、自我介绍、故事、案例……
- 概述·关系企业与客户的问题与状况
- 成果·解决问题的方法与对客户有利的成果、案例
- 障碍·达到成果所遇到的难关（风险、能力……）
- 推论·逻辑推论、证据证明……
- 收场·资源支持、结论、促进销售或下一步行动方法
- 讨论·回答观众的问题

你的 PPT 提案核心价值已经有了，建立了金字塔的逻辑架构，整个流程也设计完毕，根据这些你可以延伸为树形图，每个支点

就是你每张幻灯片所要显示的。

接下来，我们要将支点变成幻灯片的初稿。我们可以利用下表来描绘你的 PPT 提案，也可看完后面章节，有完整与清晰的概念之后再使用此表。

＊提案主题：说明这一张幻灯片最主要表达的方向。

＊内容叙述：叙述这一张幻灯片的内容应该如何呈现才能表达主题。

＊幻灯片表达：在计算机屏幕上显示的草图，要符合“内容叙述”的概念。

＊备注：参考的资料、说明提示、设计重点等等。

＊下一张转承：这一张幻灯片规划完之后，有一个转承的语句来带入下一张幻灯片，表示这一张与下一张的连接关系。

PPT 提案规划与流程是最重要的，必须占 2/3 的时间，如果这项做不好，就如开头的时间管理矩阵那样，第二象限的规划就会跑到紧急事项的第一象限。

将思考写到草稿纸上，再与主管或同事商量，请他们提供意见，会得到不错的创意。接下来，我们再将这些规划以 PPT 提案实际设计出来。

底下是 PPT 提案规划表的案例。

幻灯片规划表	
提案主题:	
内容叙述:	
幻灯片表达:	备注:
下一张转承: 第 / 页	

幻灯片规划表	
提案主题: 说明客户全部分店中桃园店进货不佳状况。	
内容叙述: 桃园店的规模并不算小。但是对本公司的进货额不大。所以从营业额、成长率与进货数来分析原因。	
幻灯片表达: 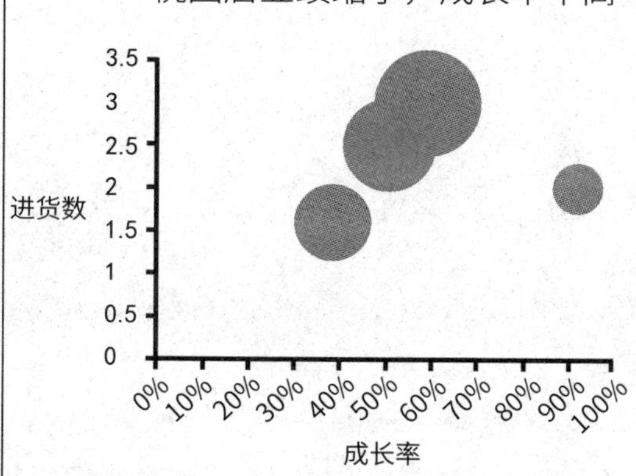	备注: 1. 参考 2015 年销售业绩档案。 2. 跟客户说明桃园店业绩不佳的原因。 3. 也要一并讨论台中店成长率大幅增加的原因。
下一张转承: 桃园店应该如何改善呢?	

第三部分

PPT 提案设计篇

我们了解客户（听众）的需求（痛苦）之后，开始探讨价值主张，规划 PPT 提案的架构与流程。接下来才进入幻灯片的设计阶段，就如前一部分所述，PPT 提案是多媒体的呈现，客户通过语言与视觉通道理解幻灯片所传达的信息，所以 PPT 提案的设计也涉及这些放在幻灯片中的元素如何摆放与增减，以便符合客户的感官感受与理解度。

3-1

设计师反而会搞错的 PPT 提案设计原则

不是漂亮就好，你应该要这样设计 PPT 提案

在制作出漂亮吸睛的 PPT 提案之前，更重要的是避免犯下一般 PPT 提案的常见错误。

2013 年屏东小琉球渔民到“台菲重叠经济海域”捕鱼，却遭菲律宾海警射杀，台湾地区民众群情激愤，对菲律宾连续示威抗议。台湾当局决定召开国际记者会并进行军事演习，控诉与威迫菲律宾政府。

召开记者会就要有一些事实通过 PPT 提案说明，一开始，当局外事发言人简短说明概况，然后，外事部门负责人上来控诉菲律宾政府的种种不当，讲台摆在会场前面的中心，负责人拿着讲稿放在讲台上，时而看着讲稿，时而抬头侃侃而谈。接下来，换“法务次长”说明船长被射杀的状况，他一边说明，一边跟旁边的人指示换页，接下来灯光暗下来，幻灯片打在投影屏幕上，他站在中间的讲台后面，挡住幻灯片，更显得突兀。有时他也拿出手上的讲稿给各位记者看并解释里面的内容，但 4 秒后就收回来，幻灯片快速换页，也在他身上一暗一亮地闪耀。

这是一场国际记者会，他使用 PPT 提案原本是为了更清楚地表达我们的控诉，但是在我看来却相当怪异，整个记者会成效也降低许多。主要问题包括：

1. 看着讲稿讲话，一点也不专业。

2. 讲台在中间挡住演讲者，演讲者也挡住幻灯片，无法看清整个画面，被讽为像“万磁王”。

3. 单张幻灯片太丰富了，没主题，超过认知负荷。

4. 幻灯片换页过快，让人搞不清楚状况。

5. 拿出讲稿给记者看时，偌大的会场 A4 纸实在太小了，而且展示速度过快，根本难以理解。

6. 演讲者跟旁边助理提示如何转换幻灯片，让人感觉不专心。

这时候即使 PPT 提案设计得再好，再美观也没用，也无法说服客户，更何况他们的 PPT 提案设计糟糕，流程安排不佳，上台表现让人摇头，所以整个记者会是失败的。

除了上面案例的分析，我们再来看看一般 PPT 提案的一些弊病：

项目	内容
资料内容	未能说明可以带给听众什么好处 文不对题，让听众不了解目的为何 资料过多，让听众有听不懂的感觉 资料过少，听众没有兴趣 架构不明，会让人模糊不清 流程不顺，让人感觉前后颠倒

（续表）

项目	内容
表达方法	照本宣科，平淡无味 神情紧张，感觉毫无经验 态度不佳，令人反感 说明逻辑不清楚，没有交集 手势过于夸张，注意力转移 应用难懂术语，让人生畏 一切以自我为中心，往脸上贴金 直接站在屏幕前面，挡住视线 没有面对观众，或直接念稿
器材设备	声音效果不好，场地不佳，让人不舒服 不熟悉 PPT 提案软件操作，感觉预演不恰当 辅助器材或资料份数准备不足，不够尊重
时间控制	时间掌控不当，该休息没休息，让人容易疲倦 长篇大论，拖泥带水，没有准时结束，让人心生不满 PPT 提案提前讲完，让人意犹未尽，不知所措
设计制作	编排过于复杂，让人眼花缭乱 颜色过多，视觉效果不佳 字体过小，需要仔细阅读 动画过多，不易聚焦 文字过多，让人难以了解，而且会分散注意力 对比不对，无法突显重点 字体、版式不一致 与主题不合

这些弊病中，关于流程与架构我们已经说过了，上台表达我们将在下一部分中说明，这里我们谈论 PPT 提案设计的重点，改善上面所列的弊端。通常整页幻灯片可以放进文字、数字、图片、图案、表格、色彩、动画等，这些设计包含许许多多的原则问题

以及如何提供线索指引听众注意重点。

设计原则是降低观众的认知负载

幻灯片设计原则是元素之间的增减，位置与排列问题，这些元素是多媒体的组合，可以用在多媒体视觉与听觉的 PPT 提案形式上[①]，我们要注意的原则是“如何降低听众的认知负载”，以简单、清楚、突显为主。

罗宾·威廉斯（Robin Williams）在设计方面有独到的见解，他创立了 CRAP 基本设计原则，让你的 PPT 提案更有专业性。

对比（Contrast）	将不同的元素突出，强调重点，创造差异。任何设计元素都可以形成对比，图像、字体、数字、表格、线条、图形都可以依照大小、远近、清浊、颜色、粗细、有无与位置来形成重点视差
重复（Repetition）	内容一致性，使用相同与类似的元素，有协调的感觉，更容易阅读。相同不是使用的元素大小、位置都一样，而是联系各个相关对象
对齐（Alignment）	看起来更整齐、更清晰，而且更专业，元素并非随意放置，各元素之间有视觉联系
相近（Proximity）	把相关项目聚集起来，成为一个视觉单位而非单一单位，这可创造视觉区隔，降低画面凌乱的感觉

杜尔认为：“资料幻灯片要谈的不是数据，而是资料的意义。”

① 阿金森与梅耶在“Five ways to reduce PowerPoint overload”中说明了如何使用 PPT 提案降低认知超载的论点。

她提出，一般设计 PPT 提案的弊端，是把资料当成信息，又把信息当成观点，然后把幻灯片当成文件，所以一股脑儿想要将所有资料放在幻灯片上，唯恐客户看不懂，前面我们已经证明，这种方式适得其反，客户反而因为内容太多没有重要观点而放弃理解。

杜尔还说："把所有东西放在一张幻灯片上，是演讲者不应该犯的懒惰。"

所以，回到我们所提的设计主要突出观点，简单设计与清晰诉求，以客户为主。杜尔也认为各元素之间的安排可以产生资料的意义，提供你的观点给客户参考。她有 6 项安排的方法：

1. 对比：快速辨认主要论点。
2. 流程：处理信息顺序。
3. 阶级：元素之间的关系。
4. 一致：感知信息是属于一个整体。
5. 邻近程度：从元素的位置感受意义。
6. 留白：视觉上的喘息空间。①

这些元素安排的目的就是突显关键，让听众注意重点。

---

① 杜尔在 *Slide：ology* 中提出元素在幻灯片中位置设计的原则。

比起漂亮，促发听众需求才是重点

我常看到很多 PPT 提案非常漂亮、美观，这种设计并不是不好，而是要看时机，我们上班族时间有限，在这有限的时间与资源之下，你要想办法控制，否则你会把心思放在 PPT 提案设计上而忘了你的目的，就如前面我们所提的，客户（听众）的想法才最重要，在规划时就必须注意，他们到底要什么。

促发是某个刺激激起相关记忆，布拉克斯顿（Blaxon）将促发效应分成两部分：一是知觉促发，是强化辨认，分析信息的表面，如颜色、形状等；另一个是概念促发，是强化联想，如从伯朗咖啡想到惬意、心旷神怡的感觉，从玫瑰花想到浪漫，从跑车想到拉风、快速等。

脑神经科学营销之父大卫·刘易斯（David Lewis）说，如果你参加一项实验，屏幕上一串大写字母，每隔一段时间就会出现一个小写，如 BBBBBBb，要你计算有多少小写字母出现。同时研究人员要你吃一颗荷兰的咸糖果，糖果上面有字母压花，他们要你辨识那是什么字母，目的是让你感觉口渴，另外还有一组人没有吃糖果，只要求说自己的口渴程度。①

之后，他们问你想要立顿冰红茶还是矿泉水，你选择了立顿冰红茶，虽然你是自由意志，但是你被潜意识所操控，因为你在思考字母时，立顿冰红茶在屏幕上出现千分之二十三秒，这种速

---

① 《消费行为之前的心理学》中说明是约翰·C. 卡瑞曼斯（Johan C. Karremans）的研究。

度快到你无法辨识，却能控制你的潜意识，说服你买某项产品。这就是促发的例子。

杜利认为："利用许多微小细节来引导并影响一个人的行为。通常这是在潜意识中进行的，也就是说，这个人可能完全不晓得已接受到任何已经影响自己行为的暗示。"

刘易斯提出两项重点：一是潜意识促发商品要符合需求，如立顿冰红茶本来就是解渴饮品；另外，促发只会影响本来就感到口渴的人。所以，我们的 PPT 提案设计原则需要符合客户的需求，也就是跟你所提的核心价值有关，才是有效。不然，你的设计只是符合美观与协调，如果没有围绕着价值观设计，没有让客户促发采取行动的欲望，你就会浪费时间在 PPT 提案设计上。这也是通常情况下 PPT 提案设计失败的原因，这种现象很难察觉，就像前面我们所提的，那些评审中的大部分人，只会注意表面，往往忽略深层的部分。

根据上面的信息，可以整理归纳出几项 PPT 提案设计原则。比起美观，PPT 提案设计更应该先符合下面的设计原则：

1. 对比：有大小、形状、光影、颜色、组织、邻近、时间、字形、线条等方式。

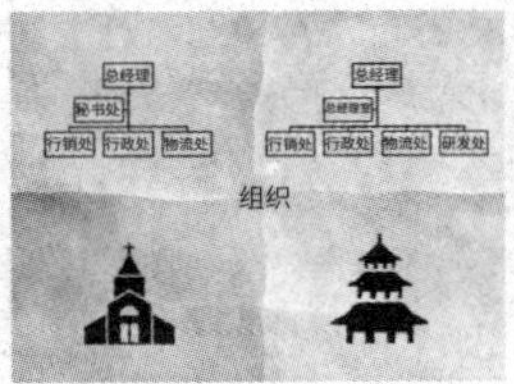

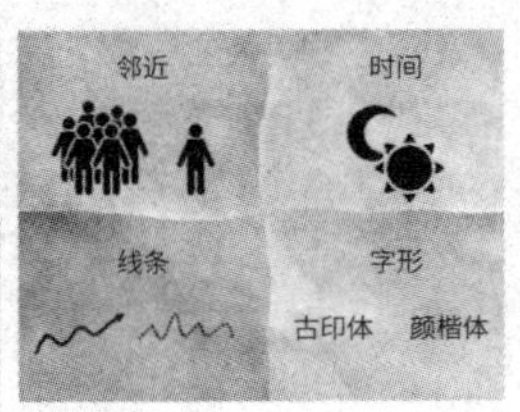

2. 重复：外观类似、主题类似、风格类似，当然不一定整份PPT提案都一样，可选择某段联系重复即可。

3. 对齐：文字、数字、图片皆可对齐同一直线。

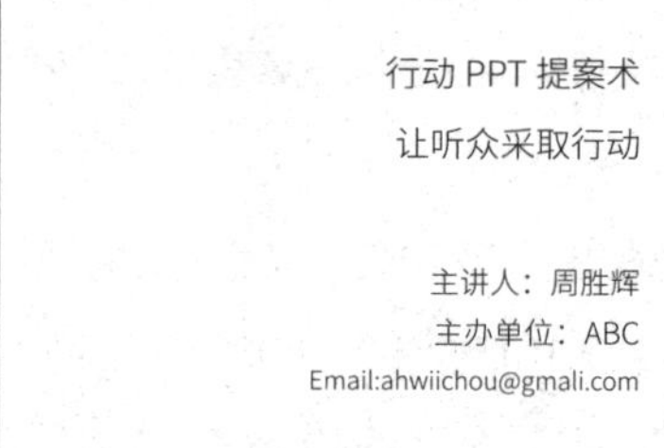

4. 相近：两个物件的距离代表其亲疏关系，把相关的放在一起。

相关整合不要随意放置

5. 相关：删掉不相关，保持简单。

另外，还有信号原则。

提高 PPT 提案中的内容信噪比

梅耶提出信号原则：强调内容组织与重点的提示信号对学习者来讲比较好。

线索在环境里面，你处在环境之中，有很多有用的信息，就像我们前面所提的“薄片撷取”一样，高特曼通过夫妻之间的对谈找到一些线索来判断他们是否短时间内会离婚。但是大部分环境中充满噪声，噪声干扰你的思考，影响你的判断，让你不知如何是好。没错！就像我们前面所提的，信息来了，要通过我们的短期记忆很难，所以大部分都被我们阻挡下来，更不要说进入长期记忆。

所以，我们要提供线索让客户抛弃那些噪声，将他们的注意力引导到应该注意的地方。

信噪比（Signal-to-Noise Ratio）是信号强度与噪声强度的比率，通常用在电子、通信方面。信号是有用的，越清晰越好；噪声是无用的，越少越好。贾尔·雷诺兹（Garr Reynolds）将它应用在 PPT 提案上，是幻灯片上相关内容与无关内容的比率，而我们的目标是达到该比率最高值。

$$\text{SNR}=\frac{\text{信息（相关内容）}}{\text{噪声（无关内容）}}$$

其实这就如我们前面所提的，跟降低认知负荷有关，幻灯片中噪声越多，对认知负荷越高。虽然如此，我们还是要思考什么是有用的信息，而什么是无用的噪声。这只是一个概念，在幻灯片中也没有办法评估实际的数字。但是这也提供给我们一个观念，除了 PPT 提案设计要围绕我们的核心价值，也要从幻灯片的文字、数字、图像、图片与表格的设计上着手。

有人提出 KISS 原则与“Less is More”，KISS 是“Keep It Short & Simple”，意思是让你的 PPT 提案简短、简单，也有的人将 S 解释成 Stupid，也就是，即使笨蛋也能理解 PPT 提案。Less is More 是少即是多，是指幻灯片上不要太复杂，少一点信息，让客户多一点空间思考，不要让他们负担太大，信息过多就会复杂，就会让客户无法理解也难以承受。

在你的 PPT 提案中用线索引导观众

线索可以指引客户注意，减少他们搜索幻灯片的时间。大部分线索不是主要内容信息，如线条、颜色、箭头、肢体语言等。线索也可以是信号（Signaling）的意思。

短期记忆是有限的，当客户坐在台下，他要在这么短时间内接收信息，线索能让客户降低认知负荷，腾出记忆空间，将记忆放在有用的地方，线索具有引导的作用，引导客户注意重点，而忽视无关或次重要的信息。

梅耶将线索分为两大类：

1. **语言线索：大纲、标题与重要信息等。**

2. **视觉线索：箭头、颜色、框线、肢体语言、大小等。**

但也有人以物理与时空线索作区分，物理线索是对比度变化、大小、颜色等，而时空线索是动态箭头、字形变化、特定区域缩放[①]。

顺从心理学家罗伯特·西奥迪尼（Robert B. Cialdini）曾提过影响别人有六项关键因素，其中有两个是社会证明与权威可以让人顺从你。社会证明是当多人意见出现一致时，你会跟着做。例如：路上很多行人往天空看，你也会跟着看。而服从权威是我们会顺着较高阶级或长辈的意思。神经科学家马可·亚科波尼指出："人类行为另一个强有力的现象是我们会信赖别人的话，靠别人的话来了解自己做决策的历程。"

我们总是认为我们控制自己的行为，自己思考，决定自己的决策，但是常常不是这样。在不确定的环境里，我们找寻信号，不管是努力地或者潜移默化地，这些线索都会影响我们做决策。一旦你站在台上，观众面对茫然的环境，总是希望你的权威给他引导，给他线索，让他有参考的依据，降低他思索的时间与风险。

但是大家要注意的是，线索或信号的目的并不是增加信息的意义，而是引导重点或突显差异或指引元素。

有一部感人的电影是《返家十万里》，讲述的是一个小女孩跟

---

① 王福兴在《线索在多媒体学习中的作用》中整理。

父亲有隔阂，家附近的环境受到破坏，小女孩捡到野雁蛋，野雁破壳，长大了，因为野雁的关系，他们父女有了情感的连接。候鸟需要回到南方过冬，于是小女孩担任母亲的角色，带领这些小野雁往南飞到适当的沼泽地生活。最后，他们俩克服了很多的困难，在千辛万苦之下，将它们送达目的地。

故事非常触动人心，但是我们要解释的是，那些小野雁破壳之后，看到小女孩的脸，就认定她是母亲，随后就一直跟着小女孩，小女孩感受到无比的温情。这是所谓的"铭印"（Imprinting），动物行为学家康拉德·洛伦茨（Konard Lorenz）发现，小鹅破壳看到的第一个物体就认定它是自己的母亲，要一直跟着它。所以，小野雁第一眼看到小女孩就认定小女孩是它的母亲，母亲就成为它们的线索，跟着线索前进就对了。

婴儿也会注视母亲的脸，其实是眼睛。脸可以启动大脑的报偿中枢。巴登认为："每当我们在广告里投放一张脸时，十之八九，人们会很快将注意力转到那里去……我们会倾向往另一张脸所注视的方向看过去。"我们都知道，我们的祖先会避免危险，否则，就没有我们，人们会用注视的方法警告其他人危险的地方或野兽。注视的地方就是一种线索，而大小与颜色是最明显的线索。[①]

除此之外，PPT 提案上的文案、标题也是线索，我们会在下面说明如何制定一句优良的标题文案。

---

① 苏珊·M. 威辛克（Susan M. Weinschenk）提出。

3-2

改变 10% 的文案，改变 100% 的销售业绩

一个产品会因为你的一句话而改变客户的购买意愿

文字也可以当线索，在 PPT 提案中引导客户的思考，可惜的是，我们对文字处理常常一筹莫展，习惯将大段文字打入或粘贴进 PPT 提案中。如果我们将幻灯片当成读稿机，最终就会让客户难以理解。

幻灯片文字太多，反而让客户无法理解

人们对文字需要长时间的阅读才能理解，尤其是听台上 PPT 提案的客户，一页一页冗长的文字与数字会让人困惑，也会让客户疲倦。所以，将文字表格化或图像化是必须要做的，否则，这些内容无法产生冲击，客户看到那么多的文字与数字大都会对 PPT 提案失去兴趣。

企划书或报告会写许许多多的文字，我们做 PPT 提案时，会将文章大咧咧地复制在 PPT 提案上，就如这张幻灯片一样。如果业务人员在台上看着幻灯片，屁股朝向底下的客户一个字一个字照着念，不知下面的客户感受如何？如果是你坐在台下，看到这种状况，你也会感到不耐烦。这么多密密麻麻的文字中，没有重点，太过复杂是失败的原因。

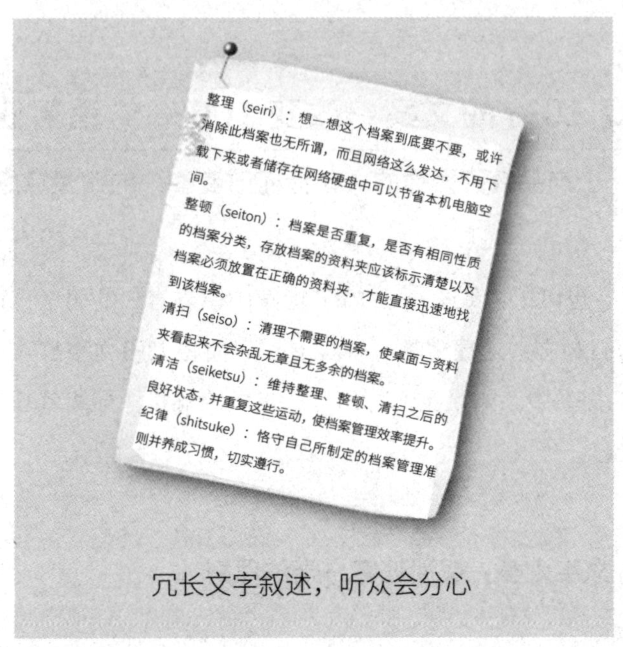

冗长文字叙述，听众会分心

雷诺兹将幻灯片上文字太多的情况称为 slideuments（投影件），魏斯曼称之为“Presentation-as-Document Syndrome”（错把文件当 PPT 提案症候群），顾名思义，就是将幻灯片当成企划书，将 PPT 提案当成 Word 使用。这是一种懒惰的做法，站在自己方便的立场思考，完全忘了，客户理解才是重要的。

大部分的人都喜欢魔术，魔术让人惊奇，感到不可思议。这种事不可能发生，与事实相反，才能让人讶异。其实，我们都知道它是假的，但是总是找不出破绽，也非常着迷这种现象。网络上也有破解魔术的手法，他们大都利用道具、拍摄角度、肢体还有口述等方式，让观众分心或把他们的注意力指引到其他地方。让观众分心是魔术师的重要课题之一，通过不停讲话、满满的动作与姿态或者一些道具与美女让你的大脑无法容纳太多信息而分心。

我们曾经提过理解信息有两个通道系统：视觉系统与语言系统。

如果你一方面用声音说明，同时幻灯片上的文字太多，文字与讲述这两种是通过同一语言系统进入大脑的听觉皮质层，彼此互相干扰造成客户难以分辨，最终两个都会被放弃。

幻灯片文字过多，除了会耗费客户的心力让他们分心，还有如果你照着念，把 PPT 提案当读稿机，客户会觉得无奈，毕竟自己将讲义拿回家阅读就好，何必专程在会场听你念稿，无趣又无聊。

如何改进你的标题与条例式习惯

PPT 是微软 Office 的软件之一，是制作提案的工具，大部分人都使用这套软件做提案。它有固定的系统设定模板，分成标题（Title）与内文（Text），通常会提醒你单击以新增标题或文字，所以让人不自觉地认为这字段是要填入文字用的。

在文字填写当中，通常会用简单的短语（phrase）或完整的句子。当然，短语是语法不完整的句子，它不像句子一样清晰明确。因此，在标题上，为了让字体大一点，会摘要保留许多重点文字，内文若以此方法就构成了所谓的条例式项目（Bullet list）。

认知科学家盖加纳（Garner）等人研究了 2000 多份幻灯片后发现，PPT 提案的架构设定严重影响标题架构，超过 80% 的

PPT 提案会在标题上使用短句，标题是定义幻灯片的主张，太短的短语反而对意义的主张不利。还有超过 60% 的 PPT 提案会使用条例式项目，这种方式经常使用会稀释重点的影响度。并有超过 59% 的情况使用主题与次主题架构，也就是短语标题与内文的条例式项目一起使用。①

PPT 文字使用现象

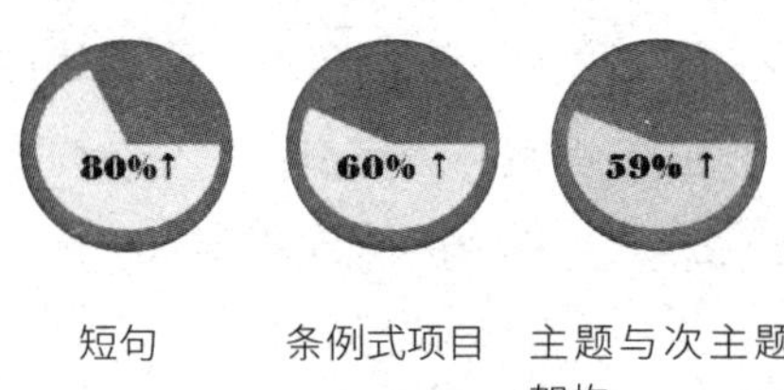

短句　条例式项目　主题与次主题架构

从他的研究数据中，我们可以了解到，在 PPT 提案中，使用文字（短语与条例式项目）的情况占了非常大的比例，这也是造成客户感到无聊与难以理解的原因。

学者艾利（Alley）指出短语与完整句子的差别：句子对明确性与记忆比较有帮助，甚至说服度也更足够。例如：

短语	句子
结论	运算结果显示，鱼翅能避免前缘涡过于延迟通道涡
钻石在澳大利亚	20 世纪 80 年代澳大利亚成为世界最大的钻石生产国
数位采集系统	数位资料采集改变资料形态

① 参考论文《主张 PPT 的常见用法——证据结构：认知心理学视角》（*Common Use of Powerpoint versns the Assertion-Evidence Structure: A Cognitive Psychology Perspective*）。

他们建议使用完整句子取代短语，而且内文使用有关联的图像取代条例式项目。

文字在 PPT 提案中是很难处理的，太多的话会让人不想阅读，太少又会词不达意，对理解、记忆与说服等方面都不会起到很好的效果。

有一种名为高桥流的 PPT 提案方法，它通过简短又大大的文字显示在幻灯片上，显得非常明快又带有冲击感，但是也带来了压迫感，杜尔认为幻灯片 50 个字左右就是大字报。魏斯曼提出："用少数几个字摘出全文要点，可以让读者在几秒内抓到整版报纸的内容重点……摘要与速度也适用于 PPT 提案幻灯片。"例如：

1. 突破新产品线。
2. 经验老到的管理团队。
3. 商机无限的市场。

那么，我们在做 PPT 提案时，如何掌握每张幻灯片的文字量呢?

魏斯曼认为，每个项目 4~5 个字就可以了，以动词为佳。

我们曾经提到一个完整的句子需要"主词""叙词"与"状态词"，加纳和艾利等学者认为，句子对记忆与理解比较有帮助，所以，出现了一种情况，即为了让客户迅速抓住幻灯片主旨就需要用短语，然而句子却比较能提升记忆。

在你的文案中加入销售“动词”

前面我们提过动词能推动故事的进行，下面我就列举一些在销售 PPT 提案中常被使用的“积极向前的动词”，大家可以作为制作 PPT 提案的参考。

激励类	让人奋发向上、积极进取的动词，例如：征服、坚定、号召、鼓励等
感受类	内心情感流露，受到温馨感动或刺激的动词，例如：享受、依赖、成熟、放松等
移动类	物件搬移、去除、摇动的动词，例如：丢弃、剔除、提起、摆动等
修订类	将事物调整修正，例如：改造、更正、更新等
趋向类	朝向某个方向或增减，例如：上升、下降、增加、减轻等
意愿类	说出想法，表示下一步的动作，例如：决定、要求、负责、了解等
沟通类	单向或双向谈话、讨论议题，例如：分享、响应、表达、陈述等
判断类	对事情思考、考虑与选择的动词，例如：考虑、推敲、辨认、定义等
交易类	进行买卖、销售的动词，例如：成交、接触、发行、谈判等
营业类	公司管理运作的常用动词，例如：生产、合作、改革、预测等
规划类	想象未来的设计方向，例如：制定、整合、布局、勾勒等
分析类	对事物进行特性的解析，例如：分类、化解、探索、解析等
成果类	达成目标的动作，例如：完善、形塑、产生、解决等
转变类	事物进行特性转换，例如：改善、转换、变动、替代等
评量类	对成果进行验证、评判的行为，例如：估计、比较、衡量、评估等

（续表）

操作类	控制事物的行动，例如：指示、强化、掌握、调度等
应用类	展开实际执行方面，例如：使用、演练、运作、体验等
组合类	将事物重组、排列的动作，例如：排序、包含、组装、归纳等
设立类	建立组织或事物的架构，例如：打造、建设、开发、安置等
合适类	彼此配合的动作，例如：匹配、符合、结合、适应等
发展类	组织与个人的成长过程的动作，例如：培养、创造、驱动、孕育等
向外类	给予或指示对方的动作，例如：分发、指派、授予、提出等
向内类	从外得到的动作，例如：收回、取得、接受、撷取等

你可以循线找到适当的商业动词用作销售 PPT 提案的文字，不管是短语还是句子，这些都会让你的 PPT 提案文字增加可看性。

正面文字会提升你的销售价值

萨菲耶·泰莉（Safyre Terry），大部分台湾人不知道这个名字，2013 年美国纽约发生一起纵火案，全家只剩下 5 岁的她幸存，但遗憾的是，她的身体 75% 被烧伤，脸全变了样，又失去了右手与左脚。她经历过五十几次开刀手术的痛苦，还是勇敢面对生活。圣诞节快要到了，她的姑姑带来一棵圣诞树可以挂圣诞卡，小女孩很高兴，期盼让圣诞树挂满卡片，可惜的是，姑姑一年中可能只能收到 10 张卡片，这棵树至少要 100 张才能挂满。于是姑姑将她的期望贴在 Facebook 上，之后一传十，十传百，各地社群通过网络转帖，还有的通过媒体进行传播。“寄给她一张圣诞卡吧！”“圆她一个心愿”“为小女孩送上祝福”“我们一起写圣诞卡”……就这样，全球各地群起响应，小女孩收到超过百万张来自各地的圣诞卡，包含当时的美国总统奥巴马与一些名人的卡片，还有无数的礼物。她还将一些礼物捐给救世军（The Salvation Army)，给那些有需要的小孩。

她的故事通过文字的传播，感动了许多人并鼓舞他们献出爱心与同理心。

万森和布瑞恩等科学家分析 217 份菜单发现，菜单的命名与描述可以改善销售状况，这些名称可以引导你相信这道菜会更好吃，例如：

海鱼→鲜嫩多汁海鱼

红豆饭→地道新奥尔良式红豆饭

改良之后，销售量上升了 12%。甚至小孩子不喜欢的红萝卜改成“X 光眼红萝卜”这样的酷名字，也使儿童的红萝卜食量提升了 2 倍。

价值因为你的用词而提升，让客户感觉物超所值

美国一所大学研究老年人对文字的感知程度，研究人员在屏幕上千分之一秒内，闪过一连串的文字，其中一组老年人看到正面的文字，如良好修养、有智慧；另一组看到负面的文字，如病痛、老态之类。研究团队测量他们步行的速度，发现看到正面文字的老年人步伐轻快近 10%。

所以，文字可以进入大脑暗示并影响你的行为。甚至将 X 光眼红萝卜改回红萝卜，小孩子也比原来多吃 50% 的量。暗示的力量是可以持续进行的，消费行为学学者万辛克（Wansink）认为，即使到第二天也会持续影响。

营销专家佐藤义典有一次去泡温泉，当他正在享受温泉所带来的气氛时，他猛然看到一个匾额，上面写着："生长在海拔 1200 米以上的山毛榉吸取了黑姬山常年积雪和雨水，之后又把这些水分还给山林大地成为地下水，这些拥有神秘力量的地下水最后形成弱酸性的温泉，对皮肤很好并有美容效果。请大家尽情享受这种具有不可思议的效用、浸泡过山毛榉的水。"

温泉水在使用前与使用后都没有改变，但是通过这些文字的描述，让使用者感觉价值提高了。

这里使用了正面语言，如"拥有神秘力量的地下水""对皮肤很好""尽情享受""不可思议的效用"。而且从山毛榉→常年积雪→神秘力量的地下水→弱酸性的温泉→皮肤很好→美容效果→不可思议的效用→尽情享受，把正面语言和神秘力量连接起来，让人自我想象自己变得年轻与健康。

巴登认为："语言的影响也出现在神经层面，尤其是负责报偿评估的大脑部位：眼眶额叶皮质。一项研究表明，当一项味觉刺激物标示着'丰富美味的口味'，内侧眼眶额叶皮质便会十分活跃。"

从上面的证明可知，正面的文字确实能触动我们的感受，让我们朝正面思考。

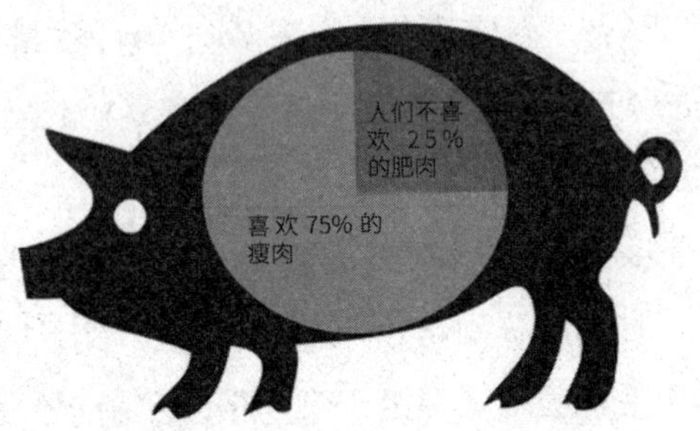

在选择上也是如此：大部分人喜欢“75% 的瘦肉”而不喜欢“25% 的肥肉”；不喜欢“1/3 概率救活 600 人，2/3 概率无人获救”，而喜欢“救活 200 人”，即使这些都是说同样的事情，人们也喜欢正面的描述。所以转变说词就会改变人们的选择。

3-3

一流销售员是如何精炼 PPT 提案的

把长长的讲稿变成简洁有力 PPT 提案的方法

标题是幻灯片的主轴，为这张幻灯片定义。人们总是习惯阅读标题来辨识演讲者想表达的意思。所以，要能通过标题的要点，让客户迅速理解 PPT 提案演讲者所要传达的主要信息，才不至于让客户浪费精力胡思乱想。

从这五个角度立标题

项目	解释	例子
取得好处	客户到底可以得到什么利益、好处、优势、机会之类	举办 ABC 公司的周年庆可以提升 50% 业绩
标示惊悚	让客户感到恐怖、惊吓与威胁进而想要了解如何避免	不举办 ABC 促销活动，会让 XYZ 反弹
提出疑问	引起客户的好奇心，让他想要进一步了解原因	ABC 促销活动，对我们有好处吗
揭露信息	这是四平八稳的普通标题，也是一般人最常用的，只是单纯传达信息而已	ABC 公司举办周年庆事宜
让你猜测	它跟“提出疑问”让客户想想到底发生什么事类似，只是它不会完整显示句子	我简直不敢相信，原来是

一般而言，标题有五种主要类型，而最适合用在销售 PPT 提案的标题是“取得好处”的标题：

销售 PPT 提案的标题是以客户的利益为主，所以，“取得好处”的标题符合客户的需求才重要，其他偶尔为之，活化 PPT 提案内容也是不错的选择。

偶尔采用疑问句也有个好处，采用自问自答形式可以提高客户的参与感，让他们感觉真的与演讲者连接在一起，彼此的关系就产生了。但是要迅速回答自己设下的问题，不要让客户思考，降低他们认知的反应，不然，你的标题一直要客户猜想，他们的认知会衰竭。

标题要用短语还是句子？从销售角度思考

几乎所有 PPT 提案的相关专家与学者都认为，幻灯片上的文字越多，对客户在认知上越不好。甚至使用 Topic-subtopic（主题 - 次主题）容易形成条例式项目也不太好，因为这会有过多文字的嫌疑。

但是如前所述，太短的短语对标题也不利，因此，我们希望以完整的句子来表达，这样才能清楚又有连贯性，降低客户的负荷。

阿金森认为：“将标题用完整的句子写出来可以帮助你把想法变成连贯的思维，并去除所有意思模糊的部分。”

口语与文字是用同一语言通道，所以这两个如果使用量太多或太复杂就容易产生冲突，客户也容易出现认知超载。学者江静之在《分析乔布斯 2008 主题 PPT 提案》中认为，乔布斯除了引述媒体的说法（有一张幻灯片有 63 个英文词语），其他的幻灯片的文字都很少。她也提出："口语演说搭配上述负载信息少的文字幻灯片，可减轻观众同时处理口语及书写语言信息的认知负担。"

在销售 PPT 提案设计中，比较倾向短语设计的是，雷诺兹、杜尔、罗宾·威廉斯、乔布斯、高桥、魏斯曼。而喜欢完整句子的是，艾利、阿金森、加纳·威廉斯、法尔卡斯等学者。PPT 提案专家大都认为短语的设计比较好，而研究学者则认为完整句子完整的思维更好。

或者我们可以折中地说，短语需要配合图表以及流利的口才才能有成功的 PPT 提案，不然短语意思不够完整，容易让客户猜测错误，枉费心力。

学者认为客户就像学习者一样，所以 PPT 提案设计是以让他们了解为主；而 PPT 提案专家将客户看作是来看电影的消费者，所以设计方向是以看起来美观、舒服为主。

但是以销售与营销而言，哪一个是我们的设计重点呢？当然，我们一定要以客户了解我们的产品为主，行有余力才在美编方面着手。

使用"改变"关键词

上一部分我们提过使用"免费、折扣、立刻、简单、你、便捷、保证、稀少、更、新的"等关键词，吸引客户的视觉器官，通常客户看到这些字词会很有兴趣听下去。坐在底下的听众是你的客户，你的 PPT 提案目的是让客户抛弃目前的情境，到你所主张的境界中来，这个境界对你的客户来说是美好的，是要让他们知道“改变是必需的”。

有关改变的文字也是客户喜欢听的词汇，例如：失败→成功、落后→领先、劣势→优势等。

我们在规划提案篇中说明 PPT 提案是一个 What → Why → How 的过程，在幻灯片中，你的文字叙述也会面临这种状况，其中 How 是探讨以步骤、方法、诀窍、秘籍或程序来达成目标，因此这是一种改变，需要从 A 的现况，糟糕、不良、讨厌、不喜欢、不想、不要、放弃等状况到 B 的未来、想象、美好、希望的境界。所以，你需要一些 A → B 改变的关键词。

我研究了一些有关销售与营销的书籍，搜寻与改变相关的关键词，并将它们区分为下面几个类别，大家可以作为构想标题时的文案参考。

＊个人：关于个人特质、心理感受与观念的转变

特质	个人行事风格与为人特质，让他人感受的印象 例如：随便→挑剔、分心→专注、冷漠→关怀等
未来	从现在不满意的处境到将来想要的情况 例如：新手→经验、冷门→热门、现况→梦想等
心理	个人心中对他人或事件的感受，反映到情绪方面 例如：难过→愉悦、灰心→信心、恐惧→勇气等
观念	因经验与生活条件等背景对人和事物概念的想法 例如：矛盾→合理、传统→现代、倾斜→平衡等

＊人际：与人沟通、协调与表达等人际交往的变化

确定	从否定到肯定的表达方式 例如：反对→赞成、指责→赞许、婉拒→答应等
沟通	彼此之间对人、事物的认知，互相表达意见，进行交流 例如：反驳→聆听、强制→说服、混乱→协调等
思虑	进行人、事物的分析、抉择与判断 例如：迟疑→决断、鲁莽→审慎等

＊事件：对事件的统合与扩展产生变化

扩散	从原点持续展延，进一步发展与进行 例如：平静→引爆、紧缩→扩展、推延→行动等
结合	将个别或零散部分统合一起 例如：拆散→整合、个体→整体、断裂→连接等

＊单位：商业上的事物改善与交易成果的转变

改善	对产品或服务的改良，让它们变得更好或持续进行 例如：易碎→耐用、中断→完成、过时→流行等
交易	完成货品或服务交换过程 例如：拒绝→成交、足够→需求、对抗→协商等

＊重要：事物由不良转变成重要或取得关键

良好	由坏转好的结果 例如：一般→主流、缺点→优点、困难→容易等
得到	由无、缺少、付出到拥有的过程 例如：失去→收获、遗忘→记忆、缺乏→充满等

使用“影响”关键词

Why是为什么，也就是你要告诉客户什么原因才导致这个结果。我们来看一下演绎的三段句子。

“猫会吃鱼——黑猫是猫——所以，黑猫会吃鱼。”

这是逻辑推论的方法，“猫会吃鱼”导致“黑猫会吃鱼”的论点，但你要证明“黑猫是猫”，所以客户渴望知道你如何证明黑猫是猫，来消除他们心中的疑虑。

“台湾人很善良——我是台湾人——所以，我也很善良。”

你的标题的文字，如果是“台湾地区的人很善良导致我也很善良”，呈现因果关系，你还要在幻灯片的内容以及你自己的口语中来证明“我是台湾人”，把证据拿出来。

如果你的标题构想是：

降低成本　无法享受

我们设定标题有下面几个选择：

1. “降低成本”
2. “降低运输成本的影响”
3. “降低运输成本表示排除其他服务”
4. “降低运输成本影响 24 小时内到货服务”

当然，PPT 提案过程是希望客户记的越多越好，但是，每个人的记忆力与专注力不同，无法强迫他们背诵。我们可以退一步，即使记不起来，至少也要说服客户。完整的句子比较能说服客户。

句子最好用主动语态，不要让人太费脑筋思考，一看就懂，毕竟我们不是在写文章，太多形容词与副词会加重客户的负担。最好能以数字具体地表达，如“排除其他服务”不知是什么服务，而“24 小时内到货服务”就能一下冲击客户的大脑神经。我们不是要成为文学家，所以，一些修辞过度、双重否定、形容词过多、倒装句、被动语态等写作手法还是少用为妙。

除了影响，有时还会使用引起、引导、致使、使、导致、让、招致、归纳、提炼等词语。

不管你要告诉客户的是改变的方法还是事件导致的原因，这都是你一步一步完成说服的过程。

如何把你要说的变成 PPT 提案上精练的文字

我们来看这张幻灯片的呈现方式，看起来这张幻灯片是想将全部信息灌输给客户看，可是客户看这么多文字会恍惚，如果加上演讲者催眠式的声调，客户将会渐渐进入梦乡。这种呈现方式，倒不如以企划书的方式让客户带回家阅读的效果好。

客户经营危机现象

业务人员必须常常观察客户的异常行为，如果发现有以下现象，必须提高警觉，禀报相关单位了解，以免公司遭遇客户倒闭的危机。

- 市场风声负责人到处借钱，资金可能缺口严重。
- 负责人近期常求神问卜、找人算命，可能运营上出现盲点，无法得到解答，如果客户本来就有这个习惯就另当别论。
- 在非旺季或非促销期间突增采购量时，需要特别注意，尤其是假期前一两天发生，可能有潜逃之虞。
- 最近一直廉价出清存货，可能要换取现金，来弥补资金缺口，而且廉价出清会影响市场行情。
- 计划结束分店或分公司的营运，可能经营不善，但不一定是总公司出问题。
- 突然通知要改变付款方式或退票。例如：支票转本票，或转其他金融机构付款，可能与原始银行的往来有问题。
- 客户付款常拖延，可能是资金无法到位，也可能是对供应商产生不满所采取的措施。
- 负责人坏消息传言越来越多，注意是否与他人发生纠纷或是倒闭前兆。
- 发现无法准时支薪，问题就很严重，影响员工士气甚深，一般公司负责人不会拖薪，所以不能等闲视之。
- 负责人有诉讼案件发生时，必须详细查明是否经营上与他人产生纠纷，会不会影响事业发展。

这里有 5 个步骤来整理这张幻灯片。

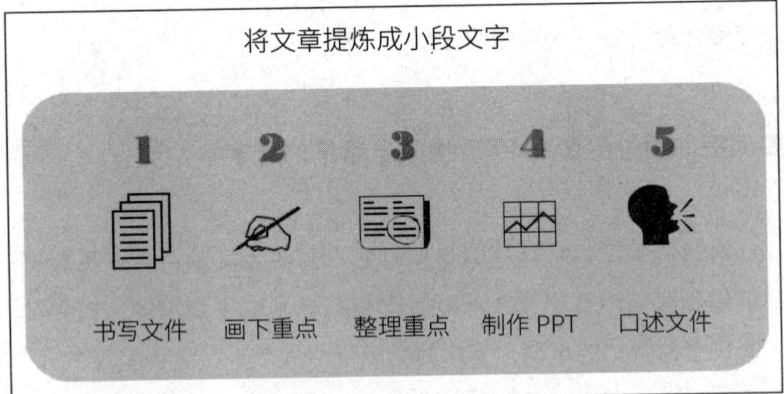

第 1 步是写下你所要讲的话，或从企划书里截取。当然，一般制作 PPT 提案是很少详细写下来的，大部分是写大纲而已，但是，如果你怕忘记，上台没自信，写下来多多少少会增加自信心，而且容易修订。

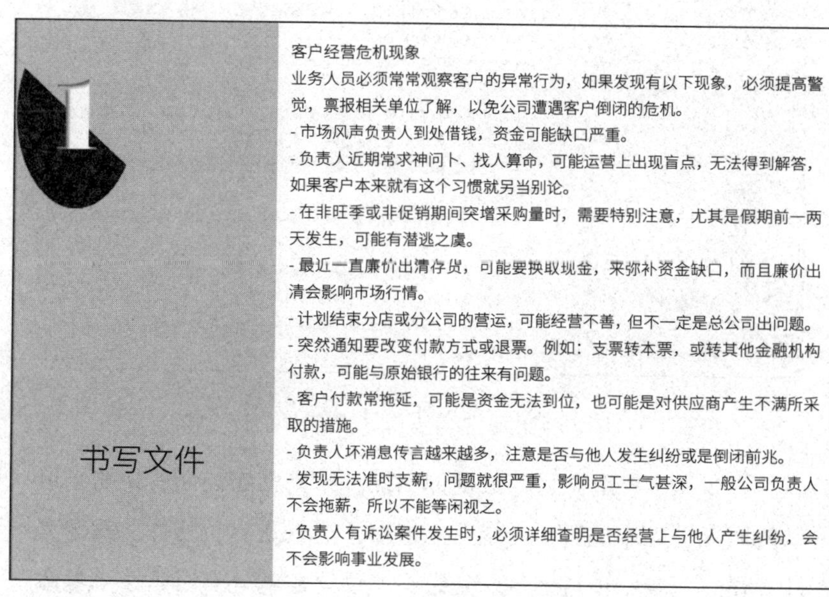

第 2 步是找出关键词，一个句子之中，通常是动词、名词、形容词与副词，我们尽量不要只选择名词，也必须注意动词与名词的配合。主语通常是名词类，名词是指定某个特定范围，动词通常决定主语应该如何运作，而形容词与副词判断名词与动词的程度。

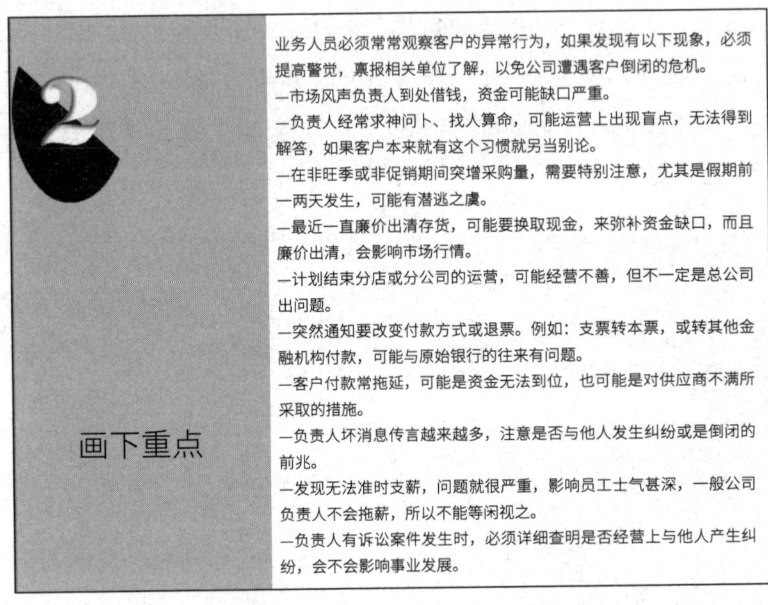

第 3 步是将选择后的关键词归纳，归纳就如前面所说的，可以依照三种顺序进行：一是时间顺序，也就是有步骤性，就像烹饪一样，一步一步进行；二是结构顺序，也就是有组织性，就像组织部门、地图、物件结构等；三是程度顺序，也就是依照重要性排序。这篇文章我们分成两个重要部分，个人与企业经营因素，然后在底下列出原因与画下重点底线。

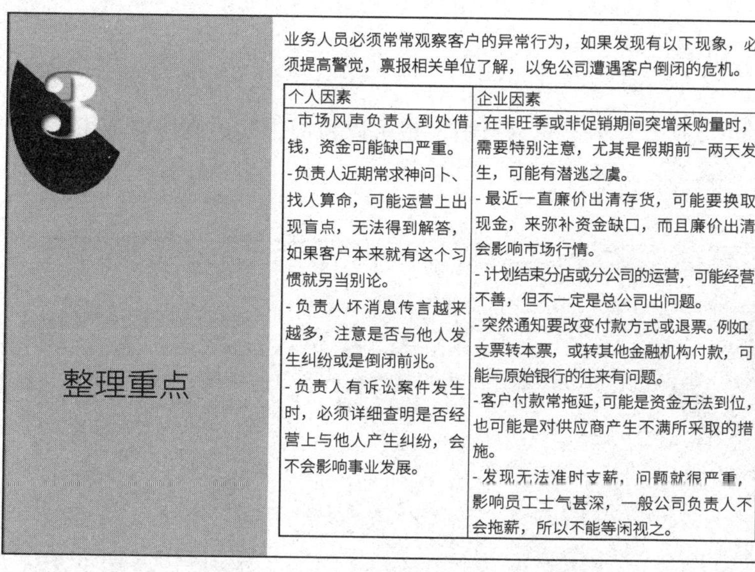

第 4 步就可以把提炼出来的重点制作成图文 PPT 提案，依照归纳的结果制作示意图，需要与图片配合才能强化记忆。

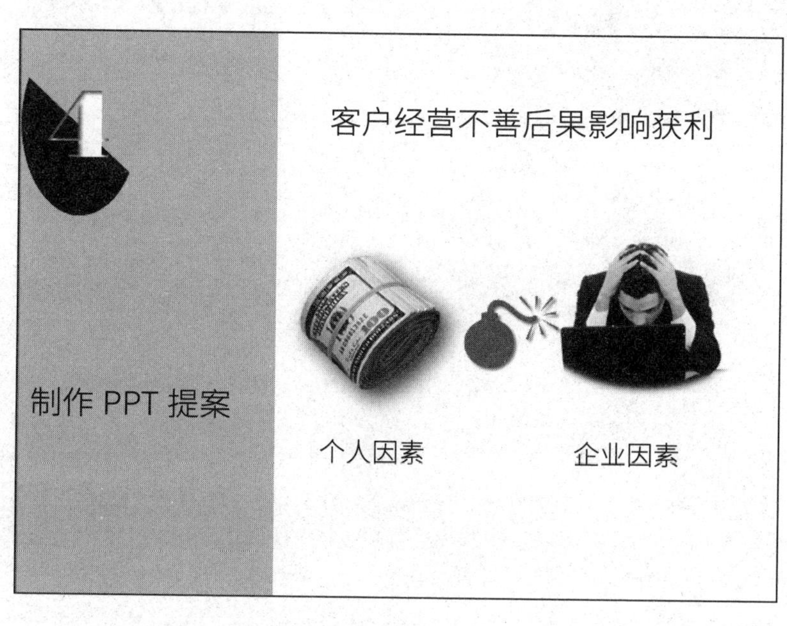

第 5 步是将第 3 步归纳，再提出关键词，整篇就可作为讲稿来用了。如果不做成示意图，也可以将提出的关键词转成 PPT 提案上的条例式项目。

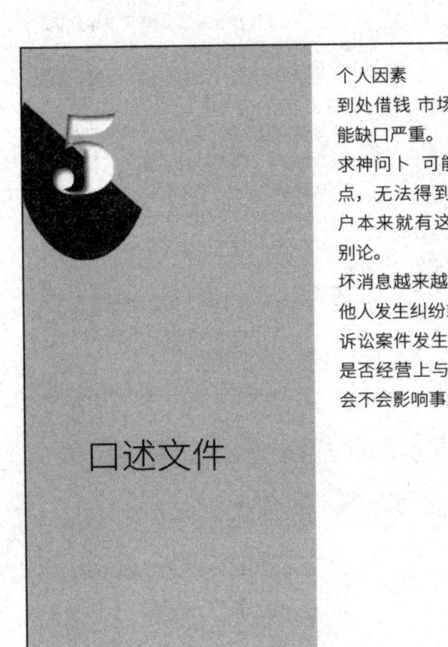

个人因素

到处借钱 市场风声，资金可能缺口严重。

求神问卜 可能运营上出现盲点，无法得到解答，如果客户本来就有这个习惯就另当别论。

坏消息越来越多 注意是否与他人发生纠纷或是倒闭前兆。

诉讼案件发生 必须详细查明是否经营上与他人产生纠纷，会不会影响事业发展。

企业因素

突增采购量 在非旺季或非促销期间，需要特别注意，尤其是假期前一两天发生，可能有潜逃之虞。

廉价出清存货 可能要换取现金，来弥补资金缺口，而且廉价出清会影响市场行情。

结束分店或分公司的运营 可能经营不善，但不一定是总公司出问题。

改变付款方式 可能与原始银行的往来有问题或资金缺口。

付款常拖延 可能是资金无法到位，也可能是对供应商产生不满所采取的措施。

无法准时支薪 影响员工士气甚深，一般公司负责人不会拖薪，所以不能等闲视之。

3-4

如何活用示意图取代文字

文字量太大时，可以转换成图表让客户更好地了解

在我的教学当中，常常有同学对一段文字如何转为示意图非常感兴趣，这也是 PPT 提案设计中比较难的一部分。我们对直线性的概念比较清楚，因其容易绘制，如 3 个步骤、4 项重点等，而对抽象的概念就难以抓到精髓。

你可以运用这几种示意图

内文我们不要放置太多文字或者条例式项目，我们需要用图像、表格或示意图来支持、解释或分析标题。PPT 提案有内建 SmartArt 功能，它可以将你的文字提炼后，转化成图形概念，可分成下面几种。

图形项目	说明	商业使用
清单	重要性的归纳，分组的信息，一种条例式概念显示	重点条例、大纲、概念
流程图	有起点终点，有方向性、时间性，一系列阶段，通常跟步骤、方法有关系	工作分配、甘特图、时间表、方向、步骤
循环图	环环相扣的任务或阶段的步骤，表示任务、事件的延续	任务重复执行、重复步骤

（续表）

图形项目	说明	商业使用
阶层图	组织中的分层结构，表示上下与水平关系或事件的拓展	单位组织、市场架构、问题解析（决策树）
关联图	显示相关重点的关系，两个或多个之间，也可以是集合之间的关系链接	合作、冲突、抗衡、分散、目标、合并、平衡
矩阵图	通常以 4 个象限表示彼此部分或整体的关联性	十字、定位、区分、对比
金字塔图	表示比例或重要度的层级关联，按越往上层则少、轻、短，越往下层则多、重、长的现象顺序显示	需求层级、人口图、重要分配

而杜尔也将它分成：

1. **抽象概念：流程、架构、集合与放射。**
2. **具体概念：图解与展示资料**[①]**。**

山口周提出基本概念图中类型最适合的图形是数量、时间、数量与时间、组织架构、过程、循环、个别循环与相互循环等[②]。而梅耶认为："一些基本知识结构包括：过程、比较、概括、列举和分类。"这五种类型表征是[③]：

---

① 杜尔在 *Slide: ology* 中提出的概念。
② 山口周在《外尚顾问公司的超强提案术》中提出的概念。
③ 梅耶在《多媒体理论》中提出的概念。

类型	表征	SmartArt	说明
过程	流程图	流程图、循环图	因果关系
比较	矩阵	矩阵图	两个以上对比
概括	分支树	阶层图	一点扩散，进行细节说明
列举	列表	清单、关联图	项目列表说明
分类	等级	金字塔图、阶层图	子母集合进行概况分析

所以，从上面可知，示意图或概念图是一种符号 + 概念 + 文字 + 数字 + 图片的整合，在 PPT 提案里可以通过 SmartArt 带入或用“图案”自己绘制适当的示意图。

外在认知负荷与教学设计有关，一旦环境或教学设计不得当就会增加外在认知负荷。这就会超出客户的学习负荷。而当 PPT 提案内容设计得当时，外在认知负荷就会降低许多。示意图就有这样的功能，将复杂的、文字化的幻灯片，提炼与设计成清晰、有逻辑、有次序的概念。

梅耶 :“人们为了对他们的经验建立起一致的心理表征，会主动参与认知加工，简言之，人是寻求使多媒体的呈现变得有意义的主动加工者。”

麦迪纳提到一个发人深思的故事，他的孩子 4 岁时，在后院捡了一根树枝，麦迪纳就跟他说捡到一根很好的树枝，他的儿子回答他说这不是树枝，而是一支剑。然后，他们就开始玩耍。这看起来稀松平常的事情，小时候我们都玩过，拿木剑、木枪等，假装它是真的剑或枪与伙伴玩起战斗的游戏。他儿子 2 秒钟就能做出来，当然也包含其他小孩子，3 岁之后都可以进行符号推理。

麦迪纳 :“我们的大脑可以把一个象征性的物体当作真的东西，

或是看成它所代表的别的东西。朱迪·狄洛奇[①](Judy DeLoache)把这称为‘双重表征理论’(Dual Representational Theory),它描述了我们能够赋予一个东西它本身并没有的特征和意义，我们可以假装，可以编造一个不存在的东西。”

我们可以将符号组合起来代表不同层次的意义，不管是具体的还是抽象的表征，符号也是多媒体的一种，所以我们看到这些符号时，还能主动认知加工。

找到关键线索

有一个卡通图案很有名，是西方人的脸孔，头戴着美国星条旗纹样的高礼帽，并用食指指着你。我想你应该可以猜得出来是山姆大叔，这是代表美国形象的漫画人物。1985 年，台湾地区请来了美国漫画家劳瑞绘制代表台湾的漫画人物——小眼睛、鼻孔向上，还有戽斗的下巴、功夫状的姿态，人们称之为“李表哥”。记得刚公布的时候,台湾人为之哗然,不置可否。现在,“山姆大叔”已经百年了，还流传着;而“李表哥”才 30 年，便早就烟消云散。年轻一辈如果没有特意搜寻网络，可能还没看过这号漫画人物。

《商业周刊》常常提供一些重要的商业知识与国际趋势，里面还有漫画家 CoCo 所绘制的政治漫画。漫画人物总是几笔线条就把政治人物的形象表露无遗，例如奥巴马大大的耳朵、陈水扁

---

① 朱迪·狄洛奇：弗吉尼亚大学教授，研究人类与其他动物认知的不同，她找出人类与大猩猩有个不同的特质是符号推理能力。

整齐的头发。人类的长相是多样的，为什么这么简单的线条，就能让人不言而喻，想到某些人物呢？

格式塔心理学（Gestalt Psychology）又称完形心理学，在德语里是形状、形式的意思。我们的思考是个整体，不只是单个部分连接的集合，所以部分总和不代表整体，整体不能分割检视。就如一朵玫瑰花，不能单单由树枝、树叶、花瓣，还要由大小、形状、颜色所组成，应该包含印象与经验之类，才能形成我们对其感知的定义。

下图为卡尼莎三角形，图中没有实际三角形存在，可是你却能看到三角形，这在格式塔中称为闭合律（the principle of closure），表示即使有中断的地方也可以连接起来，看成整体。它是一种错觉，代表我们的视觉可以进行填补，就像本书第一部分中视觉填补圆圈内的颜色与十字一样。

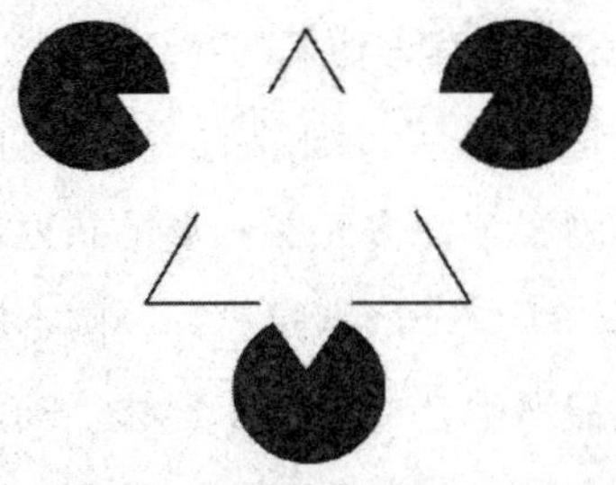

同样，下面的图形可以看到四边形与金字塔形状，实际并没有四边形与金字塔形状存在，只有 4 个点与几条线。所以我们对物体认知时，会填满一些空间或自行组合，从而“看”到整体——一个“完形”的表征。因此，我们从躲在沙发后面的猫露出的尾巴就可以从部分来推测整体（它是一只猫）。我们的大脑为了排除不确定性，总会形成一种经验上的假定，所以从猫的尾巴来“下意识推论”[①]（unconscious inference）它是跟猫一体的。

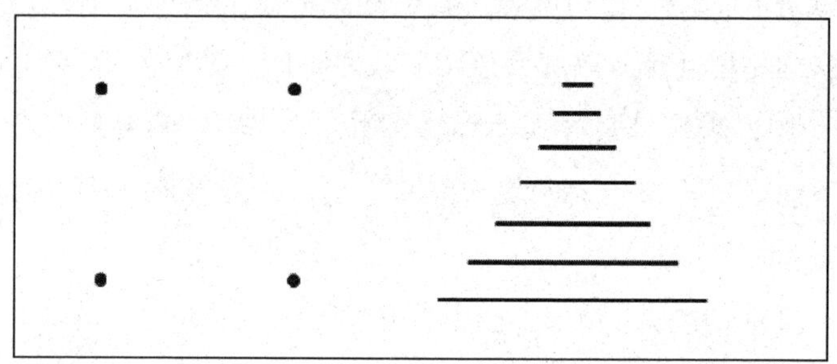

拉玛钱德朗阐述过这样一个论点：“大脑内没有小型人去看主要视觉皮质区显现出来的影像。视觉中枢的图像是视觉的第一步，它像接收站一样把多余或无用的信息掷掉，强调有用的成分，例如物体的边是很重要的，这是为什么漫画家只用几条线就能把人物传神地表现出来，尤其是他们的特征。”

如果我们大脑能记住所有细节的话，我们的效率会很低下，因为浪费了太多精力去记许多无关紧要的东西。所以，我们会选择记住大概形状，如果这个形状是直线、圆形的组合，在大脑中这些直线、圆形才慢慢组合成为一个物体。因此，我们只要看到一些关键的线索，这些线索就会触发我们对整个形状概念的认知。就像你走到路上，你看到天空有东西飞过，虽然你以前没看过这个东西，但是你可以推论它是一只鸟或一架飞机经过你的上空。

---

① 在《寻找脑中幻影》中德国视觉科学之父赫尔曼·冯·亥姆霍兹（Hermann von Helmholtz）提出这个论点。

这也说明为什么政治漫画家只要画几条关键线索我们就能推测这个漫画人物是陈水扁还是马英九。

在商业上，我们常常使用比例、重要度、程序、分类、对比等分析，所以，我们可以按照这些元素的关系来进行组合，然后很快地带入 SmartArt 里相关的图形，这个比较简单，但是 SmartArt 就是那几个，所以，对客户而言，就没有新鲜感。虽然自绘可以表现比较复杂的概念图，也能为自己树立专业的风格，但自绘比较麻烦。此时，关键线索（关键词）就显得很重要，它可以通过简单的图形来表示“整体”的概念，也便于客户自动认知加工。

3-5

PPT 提案中图表的设计原则

什么时候应该用什么图表？数字如何有效转换成图表

数字直接放在幻灯片上是不错的选择，但数字比较多的时候，最好进行图表转换，图表让数据可视化，可视化对记忆有帮助，也会影响说服的力度。

找出数字最动人的趋势面貌

我们所得到的数字大多是原始数据，原始数据不具有重要意义，所以我们必须通过分析与整理将数据转化为信息，信息可以供我们参考，此时我们可以将各种信息整合与经验判断内化成为知识，然后我们应用知识，作为决策的判断与制定。从知识到决策，我们将每道过程加工形成“知识价值链”。

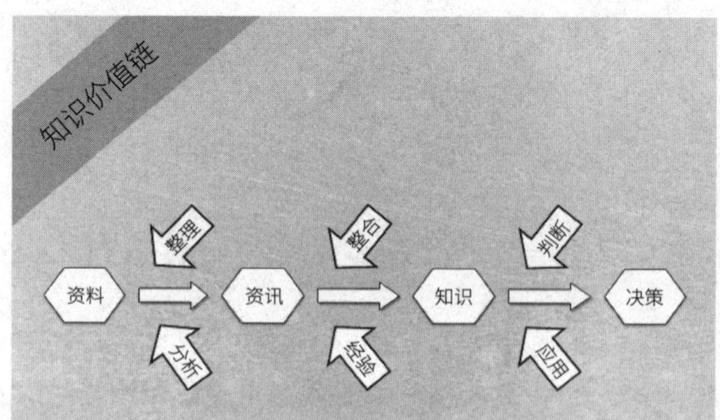

图表是数字的信息化或知识化过程，是我们制订决策的重要参考，因而如何将数字转换成适当的图表是我们必须了解的。

什么是好图表呢？

乔恩·慕恩（Jon Moon）给好图表下了一个定义：说明图表的优劣与否，关键在于你所要呈现的数据内容，以及你想达到的目标。能够帮助读者以最短的时间、用最少的力气来完整消化图表信息，并达到冲击与清楚明了效果的图表，就是一张好图表[①]。

因此，我们要了解的一点是“势”，如果要看细节，看数字会更仔细，所以我们必须要将数字转为“势”，以便客户在瞬间就能理解整个图表态势。可以从三个方面来检视图表主要概况：

形势：我们应该用什么样的图形来表现这些数字并符合主题。

趋势：图形反映某种现象，预测性、向上与向下等的趋势存在。

情势：是否跟我们有关，重要程度，必须能在幻灯片上解释清楚，作为决策之依据。

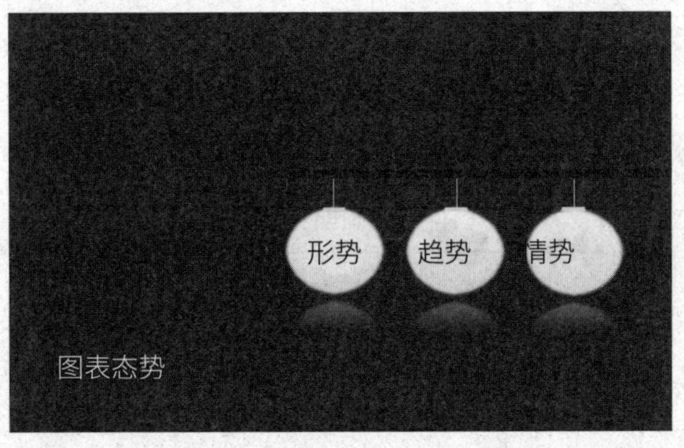

① 乔恩·慕恩（Jon Moon）在《关键PPT提案术》中提出要有冲击力的图表。

不同数字适合哪些不同图表

数字在图表中通常是以实数与比率的形式呈现，在功能方面可以是：

比较性	通过比较让图形突显重要的部分，可以用实数基础以柱形图、折线图等显示，也可以用比率的方式让饼图显示数值构成部分，还可以用一种次数分配与时间系列的折线图与合并图
预测性	以过去数据预测未来的数字趋势，通常以折线图或散布图表示
相关性	代表数据中的彼此关系，通常以对比图或散布图呈现

图表 / 数值		柱形图	折线图	饼图	横条图	对比图	散布图	合并图
比较性数值	实数							
	构成							
	次数分配							
	加时间							
预测性数值							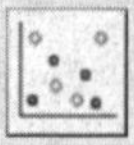	
相关性数值								

商业上使用的图表以简单与突显为要，让客户一下看懂你所要表现的目的就可以了，不要过分加工。

所以，参考上述制作常用图表的搭配方式，我们可以利用这个搭配方式来进行商业图表的绘制。

你的图表可能出了什么问题

我们一直主张要站在客户的立场来检视我们的幻灯片，否则以自己的立场为出发点会让客户搞不清楚状况。一般而言，图表常常有这几个问题：

1. 标题无法反映图表：就如前面我们所说的，标题不宜太简化，应反映自己的观点。

2. 过于复杂，没有重点：复杂的图形容易让客户搞混，可以使用线索，引导客户注意重点。

3. 立体图有视觉落差：立体图形会让客户看不清实际状况。

4. 底纹色彩缤纷夺目：图形以简单为要，太多色彩与对象会夺去主要问题，扰乱客户的视觉。

5. 数字标示不恰当：坐标轴的数字指针或图内的实际数字若过长容易造成客户不易阅读。

6. 图例难以配对：图例尽可能跟随图形，减少客户寻找配对的时间。

3-6

柱形图、折线图、饼图、条形图设计原则

这样做让图表更清晰

柱形图的设计原则

例如下面这张图，柱形图是在于比较，显示互不相关的数值，要突显某个重要的点。

此图 Y 轴的刻度数字过长，可考虑以 k 来代替千元，减少 4 个 0。使用“主要刻度”就可以了，删除“次要刻度”，过多刻度不利于阅读。图形的数值标示也是过长，因此，整个画面数值杂乱。

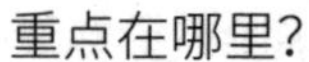

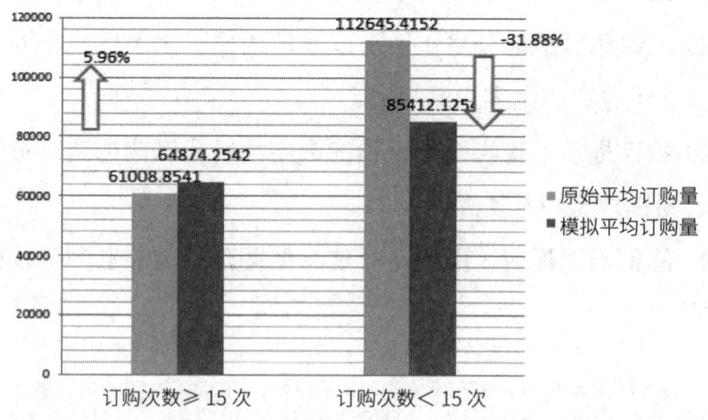

另外可以再思考一下是否适合使用柱形图来表现此种现象？毕竟这是比较两组的前后差异状况，用折线图就可以看出成长趋势的差异。将背景底线去除，改成折线图向上或向下的趋势就一目了然，并将数字改成千为单位，接下来把数据标签放在线的两端。整个图表看起来清晰明了，客户就不用太费心去理解，能在瞬间看懂我们所要表达的意思。

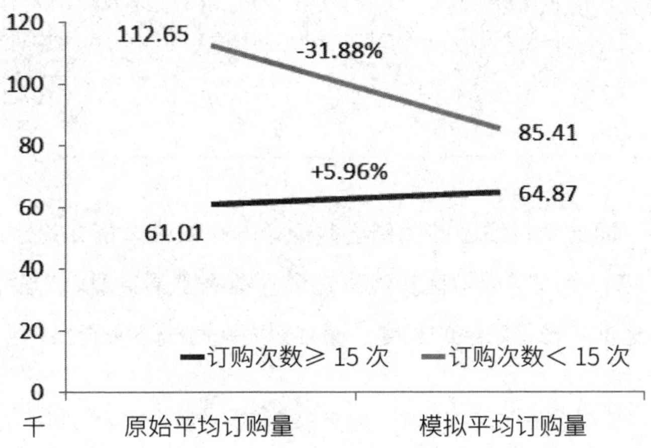

折线图的设计原则

折线图通常是用来显示连续性或有时间性的数值。

如果将这个折线图放在 PPT 提案上，相信没有一个客户能看得懂这是什么。

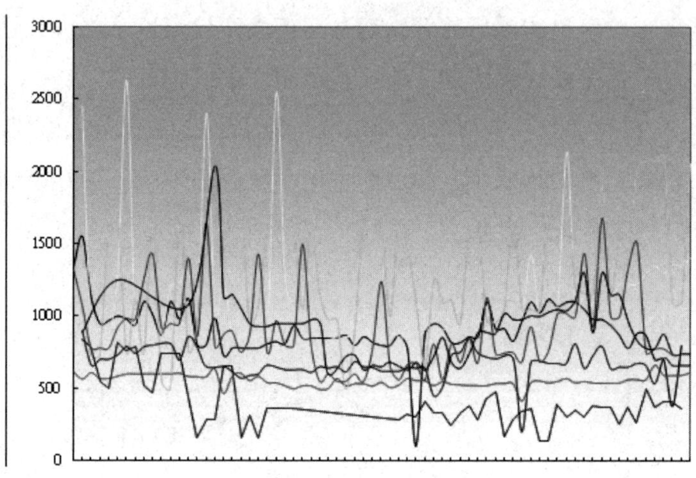

下面这个折线图的图例必须一个一个对准才能知道这条线是属于哪一个国家或地区。线条过多，数据不易突显。Y 轴也是同样的标准，降低数字的长度，而且刻度网格线不必画出。

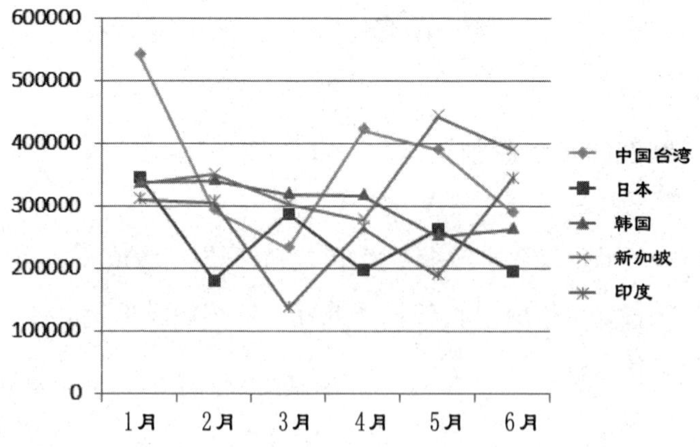

通常折线图的重点在于最高点与最低点。在这里中国台湾是

我们所关注的，所以可以将它以不同颜色的线条标示，其他线就以浅色系淡化。

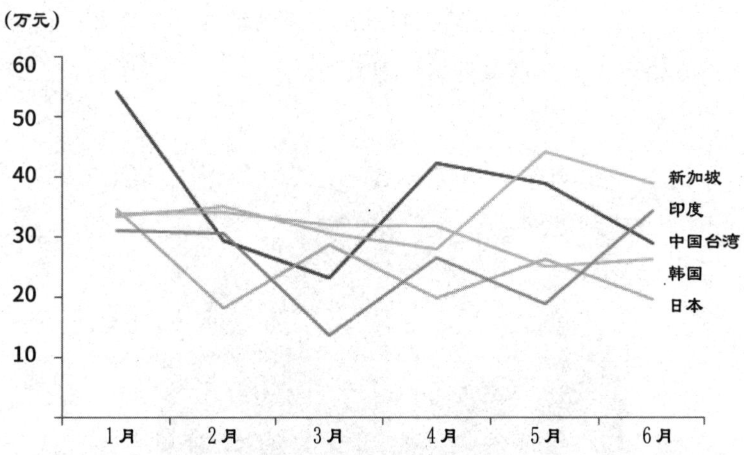

当然，线太多会扰乱视线，最好分开制图。注意 Y 轴的“最大值”与“主要刻度间距”要固定，如此每张图形的位置才会一致。

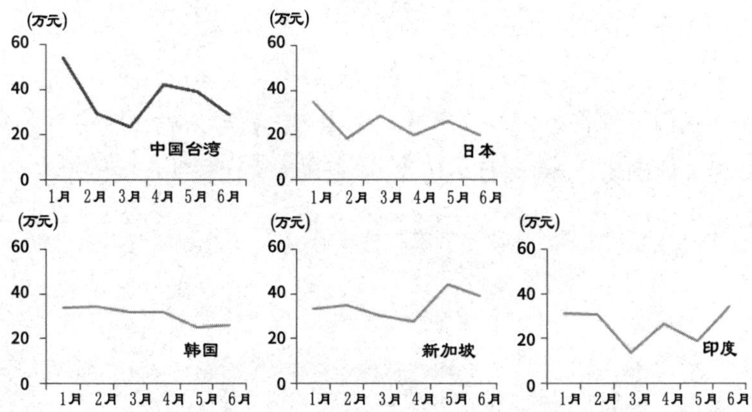

饼图的设计原则

饼图用来表示比例，下面的图有 12 个项目，有大有小，所以形成很多小的切片，这也是我们常常忽略的地方，将许多小切片一起挤在饼图上面，造成拥挤的现象。

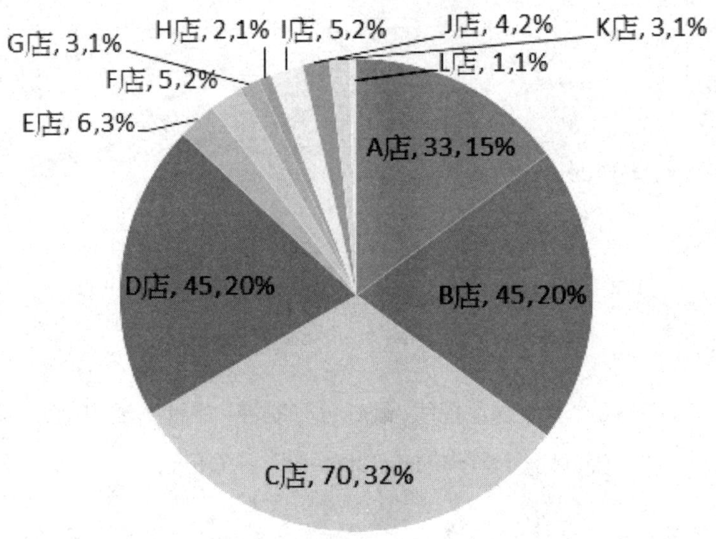

我们可以将小切片绘制成一个小图，看起来就比较清爽。左图为大比例切片，右图是小切片，以黑色为底比较能反映图形部分，白色字比较反光，所以更能反映重点部分。

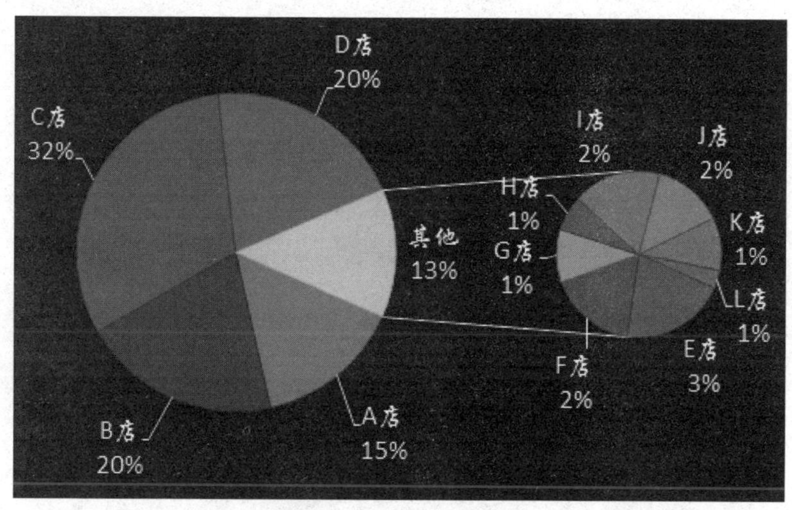

一般而言，我们习惯顺时针看饼图，所以最大值常常是在右上方。Excel 的数值按由大到小排序的话，最大值就会排在右上方。

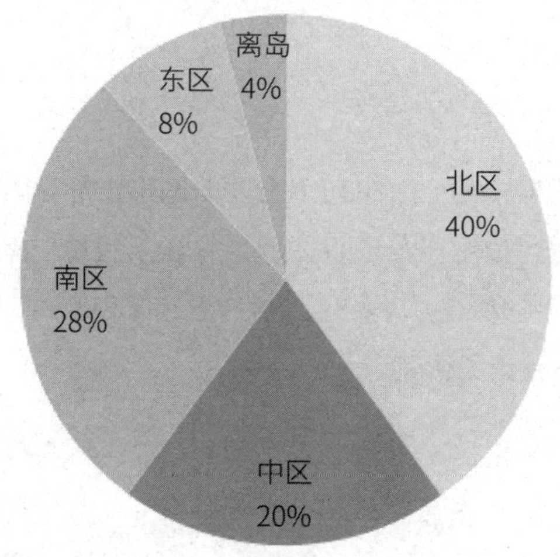

条形图的设计原则

条形图常常用来表现速度，图中想要表现成长的速度并检视单位不足之处，可惜这个图让人觉得参差不齐，背景图样容易让人分心，而且也不知道重点在哪里。

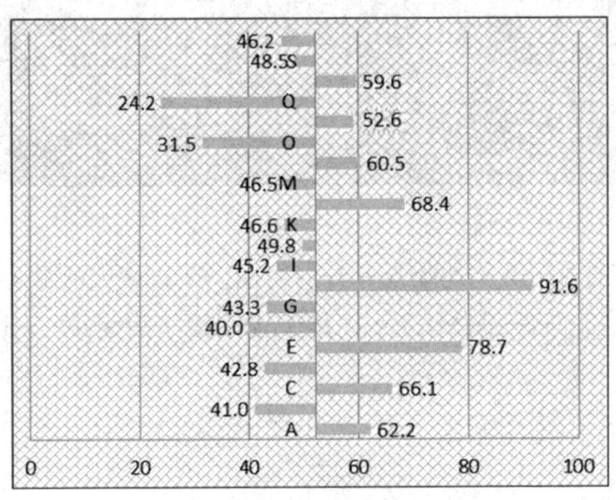

我们将数据排列，强调某个重要的图形，标示其他颜色，如果要比较，也可标示两个项目图形，背景采用单一颜色，不要太鲜艳，中间是平均值也必须标示。这样看起来很清爽，又简单明了，一下就能看出线索的位置。

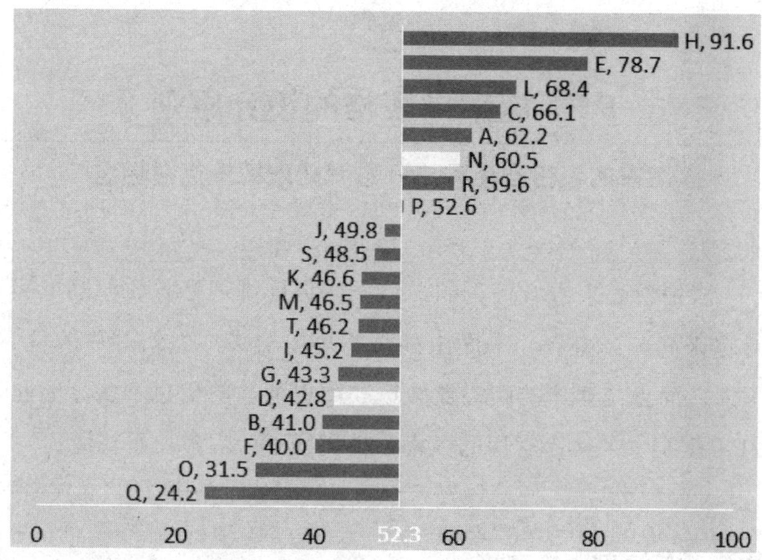

有时立体图也是可以使用的，但要注意排序问题，像这样的表格绘制成立体图，如果没有排序前图会遮住后图。颜色不要过多，反映你要比较的项目即可，同时注意立体视角问题，免得看错数值。

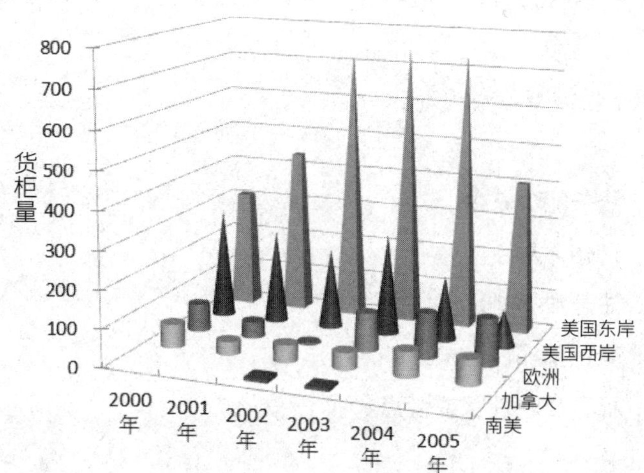

3-7

PPT 提案中表格的设计原则

厉害的表格要让客户一看就能理解重点在哪里

表格看起来方方正正的，将一些数据排列整齐放在框里面，看起来简单、整齐。书面上的表格可以很大，但幻灯片的位置不大，而且与客户的距离比较远，所以能放的信息不多。因此，PPT 提案中要整合有用的表格，提供线索让客户一看就懂。

如何重新整理数字表格

表格可以应用在数字与文字上，大部分数字表格显示都会呈现满满的数字与隔线，缺少视觉与线索的指引。所以，坐在底下的客户看到满满的数字的表格，他们到底要花多少时间才能进入状态。

以下是调整表格的方法：

1. 线条能少就少
2. 只强调重点
3. 注意数据排序
4. 颜色单调
5. 标题反映现状或观点

左边这个表格显示许多弊端，项目显示淡蓝色，当然浅色调不会干扰前景的文字，但背景尽量空白会比较好一点。合计栏底色使用点状图案，这就很不妥，太多干扰会让客户无法聚焦，容易分散注意力。这里的标题反映了演讲者的观点，而不是一般的叙述，如“全球员工人数表”。

修改成右边这个图表，背景去除，不要显示中间隔线，数据不多，人们会自动对齐各个项目。这里重要的是差异那一字段，所以，需要排序这一字段，让它们彼此可以得到适当的对比。横线的上下稍微加宽一点，也就是有适当的留白，太密集容易疲倦，留白让客户有喘息的机会。

北美洲工作人员减少最多

✕	2009年	2010年	差异
亚洲	3000	2800	-200
欧洲	2400	2600	200
北美洲	4500	4100	-400
中南美洲	3200	3300	100
大洋洲	1200	1250	50
非洲	1500	1300	-200
合计	15800	15350	-450

○	2009年	2010年	差异
亚洲	2400	2600	200
欧洲	3200	3300	100
北美洲	1200	1250	50
中南美洲	3000	2800	(200)
大洋洲	1500	1300	(200)
非洲	4500	4100	(400)
合计	15800	15350	(450)

左边图表问题在于我们会将合计放在最后一栏，但通常合计栏是比较重要的，所以我们将它移到项目栏旁边，因此客户就可以很快对准合计与项目字段的数据。

把重要的放在第一列

×		尺寸		
	合计	大	中	小
A门市	1190	300	450	440
B门市	1330	400	430	500
C门市	1200	250	350	600
D门市	1230	230	460	540
合计	4950	1180	1690	2080

○	尺寸			
	大	中	小	合计
A门市	300	450	440	1190
B门市	400	430	500	1330
C门市	250	350	600	1200
D门市	230	460	540	1230
合计	1180	1690	2080	4950

字段之间数据比较是图表重要的功能之一，所以，最好将可比较的字段放在一起。下图 2007 年的“人员”与“流动率”是不能比较的，所以字段间必须挪移，让各年度的“人员”与各年度的“流动率”进行比较才能得出结论。

可比较字段归类

×	2007		2008		2009	
	人员	流动率	人员	流动率	人员	流动率
北区	250	10%	245	9.5%	257	11%
中区	190	8%	196	8.7%	193	9%
南区	220	9%	213	8.3%	230	8.5%

○	人员			流动率		
	2007	2008	2009	2007	2008	2009
北区	250	245	257	10%	9.5%	11%
中区	190	196	193	8%	8.7%	9%
南区	220	213	230	9%	8.3%	8.5%

字段的宽度不一，造成不协调的现象，通常这是项目文字所导致的，因此，要调整文字数目让它们各字段的宽度一致。如果各字段的单位是不一样的，可将单位符号放在最上面，增加可看性。在 Excel 字段的文字断点按 Alt-Enter，后面的字就会换行。

栏宽齐一

✕	员工	餐厅营业额	今年餐厅数	贡献度
	人	K	间	%
中国台湾	250	70,000	10	27
中南美洲	280	90,000	12	35
其他	330	95,000	14	37
合计	860	255,000	36	100

○	员工	餐厅 营业额	今年 餐厅数	贡献度
	人	K	间	%
中国台湾	250	70,000	10	27
中南美洲	280	90,000	12	35
其他	330	95,000	14	37
合计	860	255,000	36	100

如何重新整理文字表格

文字太多总归是不好的，但如果真的需要文字显示在幻灯片上，最好经过整理，尤其是将重点或关系较大的关键词提出，或者经过排序与归纳，如此就能达到清晰与明了的效果，客户自然而然就能理解 PPT 提案的意义。

如果幻灯片一段一段的文字没有经过修饰，我们就要找出关键词并将它们提出来，形成另外一个显示方式，让右边每一段都有线条区隔，每条线条上下多一点空间留白，让客户看起来有喘息的机会，没有太过拥挤的感觉。当然，“5S 运动的方法”这张幻灯片文字还是过多，所以，可以将右栏文字降低一行字，或者将左边文字提出来即可。

> **5S 运动的方法**
>
> ·整理（seiri）：想一想这个档案到底要不要，或许消除此档案也无所谓，而且网络这么发达，不用下载下来或者储存在网络硬盘中可以节省本台电脑空间。
> ·整顿（seiton）：档案是否重复，是否有相同性质的档案分类，存放档案的资料夹应该标示清楚以及档案必须放置在正确的资料夹，才能直接迅速地找到该档案。
> ·清扫（seiso）：清理不需要的档案，使桌面与资料夹看起来不会杂乱无章且无多余的档案。
> ·清洁（seiketsu）：维持整理、整顿、清扫之后的良好状态，并重复这些运动，使档案管理效率提升。
> ·纪律（shitsuke）：恪守自己所制定的档案管理准则并养成习惯，切实遵行。

“展览时间行程表”这页文字看起来有时间的顺序，所以最好用甘特图的方式显示。一个项目、时间、日期与备注分开，时间用颜色区块标记，一些需要注意的文字放在备注栏里即可。

> **展览时间行程表**
>
> ·摊位布置时间：5/29~5/31（7:00~21:00）
> ·展品进场时间：6/1（7:00~20:00）
> ·展品撤除时间（轻型及手提展品）：6/6（19:00~22:00）
> ·摊位撤除时间（重型器材及装潢材料）：6/7（8:00~19:00）
> ·厂商参观时间（国外凭名片，国内凭参观证）：6/4~6/6（9:00~18:00）
> ·开放一般民众参观时间：6/6（7:00~20:00）

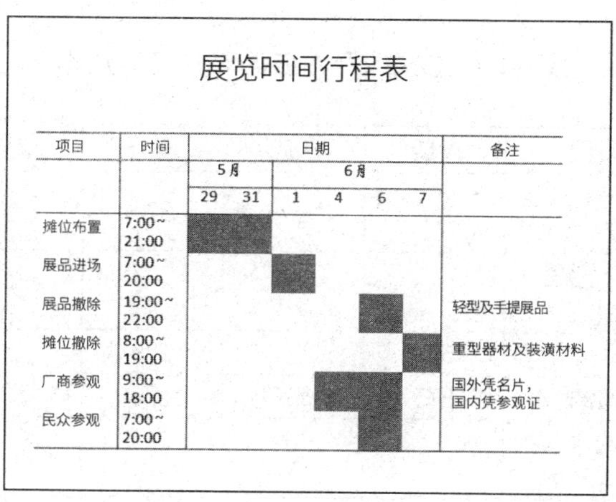

这页叙述看起来有AB两店，所以我们对这两个店进行分类，然后进行差异分析，并将单位标示于最后一栏。叙述这么复杂，让人反应不过来，也无法聚焦，通过整理与归纳形成一张马上能了解重点差异的图表，注意重点（线索）标示清楚及标题反映观点。

店面经营分析

依据门市销售数据分析发现：如果采用一周订购两次的方式，A店总配送订单品种笔数将可减少354笔，而B店则减少254笔；A店的A类存货总订购天数减少153天，而B店则减少138天；A店采购时间减少550分钟，而B店减少321分钟；A店进货时间减少875分钟，而B店则减少637分钟；A店验收成本与上架的人力成本节省645345元，而B店则减少555032元；A店存货持有成本节省640496元，而B店则可以节省533237元。从这些分析成果可知，采取此项专案对本公司产生很大的效益。

改变订购方式降低 A 店与 B 店持有成本

项目	A 店	B 店	差异	单位
总配送订单品种笔数	354	254	100	笔
A 类存货总订购天数	153	138	15	天
采购时间	550	321	229	分
进货时间	875	637	238	分
验收成本与上架人力成本	64	56	8	万元
存货持有成本	64	53	11	万元

3-8

PPT 提案中图像的设计原则

如何规划触动人心的图像布局

我们眼睛一睁开就都是图像，图像充满着整个世界的实际状况，所以在文字还没发明之前，人的大脑已经习惯图像思考。梅耶认为呈现文字及图像的学习成效优于只呈现文字的成效。

前面提到双通道理论，我们可以同时阅读文字与观赏图像，然而视觉神经比听觉神经的传递速度快 40 倍，因此图像是最先被感受到的，图像也能快速触动情绪系统，还没理性阅读时，就决定决策方向。

少文多图有利感受与理解

几年前，有一部描写耶稣受难前被施以酷刑的电影《受难记：最后的激情》，耶稣受陷害被逮捕之后，狱卒就鞭打这位异教者，让他背上十字架游街。电影中，他们说着我们听不懂的语言，但是我们看得懂耶稣的肉体痛苦，每打一下耶稣，我们就会感受一次痛苦。

看到别人快乐，我们就感到快乐；反之，看到别人痛苦，我们也感受痛苦。我们通过画面看到耶稣肉体上的痛苦，我们都感受到了。跟别人产生连接是镜像神经元的功能，它让你产生同理心，这也是言语所无法表达的。

图片优势效应（Pictorial Superiority Effect, PSE）是指图像比文字更容易记忆与确认，这是心理学家经过记忆实验后所得到的一个结论。看过图像 30 秒后，图的优势就会慢慢浮现出来。

客户坐在底下，眼睛看着图与字，耳朵听着演讲者的说明，就如我们前面所说的认知负荷可能会超过他们所能接受的范围。而图比其他两种更容易认知与记忆，图 + 字更好，但是客户还是会花时间在幻灯片上搜寻，所以使用图像方面需要了解几个原则：

· **有关联性**：不是有图就好，随意把图片放在 PPT 提案上不是一个很理想的设计，前面提到梅耶认为没有显示无相关的图片，反而比显示有趣但无相关的图片增强 69% 的记忆力。

· **暂停一下**：过场换下一页时，客户正处于由旧领域换到新领域的画面，他们会搜寻与思考 PPT 提案所代表的意义，时间很短暂，你可以暂停一下让观众有时间消化图片与文字的意义。

· **线索指引**：他们搜寻与分析图像时，可以加个指引箭头或其他线索，让客户快速找到图像中重要的关键点，降低搜寻时间。

图像有很多层面的意义，在 PPT 提案上面的呈现也有许许多多的好处。

图像摆放的黄金比例

黄金比例在数学、雕刻、绘画、建筑等的设计上随处可见，它大约是 0.618∶1，以希腊字母 Φ 来代表这个数字比例。希腊的卫城、蒙娜丽莎的微笑、达·芬奇的维特鲁威人、生物的花瓣、海螺的生长曲线等都跟这个比例有关。这个比例触动我们大脑美感判断的依据，让我们自然而然地了解如何设计才能符合视觉感官的判断。

所以我们不要将一些图放上去就可以了，而是在设计图像的位置前，最好先绘制网格线。然后再调整文与图的位置与比例。

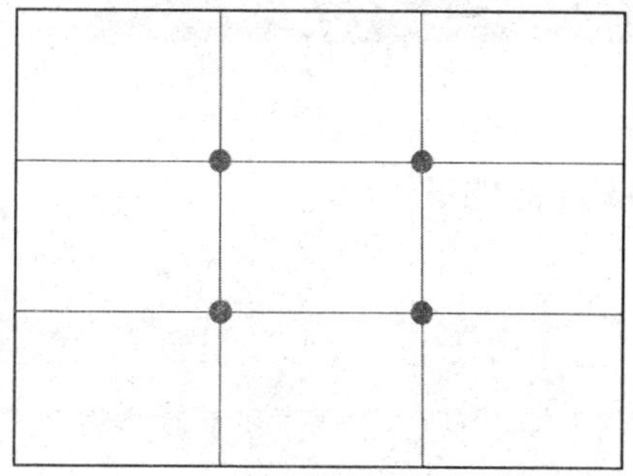

可以使用九宫格的方式，两条直线与两条横线中间交叉的地方是支撑点，所以要把图像的重点放在这个地方。

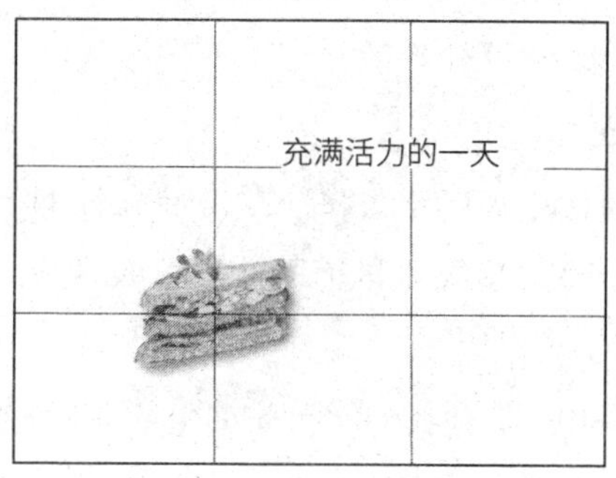

16 宫格中间有条线可以分成左右或上下部位安置图片。

穿插一些具有隐喻性的图像

在视觉标识符三个层级中，我们总是希望图像直接表明你要表达的意思，但是很大一部分它是有迹象层级存在的，也就是一种隐喻或比喻，某些隐藏的现象嵌入在图像的背后，但是客户一看就知道含意。

大脑不喜欢太复杂的东西，它需要耗费许多资源，所以，它是精密的组织，总会寻找让它降低资源使用的方法。耗费太多，人就会疲倦，需要大量精神分析，它就不会长久，所以，PPT 提案的设计越简单越好。

只有简约的设计，客户才会将注意力放在你的身上，你才是整个会场的主角，PPT 提案只是辅助你去说服客户，不要让它喧宾夺主，主次颠倒。

大脑也喜欢自然，毕竟我们的祖先都生活在原野上、丛林中，眼睛一睁开就看到自然的现象，尤其田园风光总是吸引我们的目光，毕竟它为我们提供居住、饮食的地方。

芝加哥大学心理学院教授马克·G. 伯尔曼（Marc G. Berman）曾经做过这样一个实验，让病人分别去城镇或去大的植物园散步，观察哪一个对记忆恢复比较好，结果是看到植物园的病人恢复时的分数更高①。田园的风景对情绪会比较好，所以，如果你的 PPT 提案是严肃的课题，中间休息时间或幻灯片中放一张风景图片可放松心情，对客户恢复前面的记忆会比较好。当然实际到田园欣赏比看真实照片效果更好，真实照片也会比抽象图片好。

同一个图像在 PPT 提案中如何呈现不同感觉

我们眼睛对光线的感知也是受到太阳的影响，太阳（月亮）从地平面而起，光会照在突出的地方，形成有光在上，阴暗在下，因此，我们会自动认为物体光在上暗在下时，有光明显，阴暗隐藏，这表示此物体中有光的地方会突出来，有立体的感觉；反之，阴暗地方则是凹陷的感觉。

下页图中可以显示左边圆圈有突出的感觉，右边则是凹陷的感觉。

德国学者赫姆霍兹称这种现象为下意识推论。盖格瑞泽说明这种下意识推论的力度强到足以促使我们据此行动，而且也不具

---

① 参考论文《与自然互动的认知效益》(*The Cognitive Benefits of Interacting With Nature*)

有弹性，我们反向看这张图，原来突出来的圆圈也会凹进去。

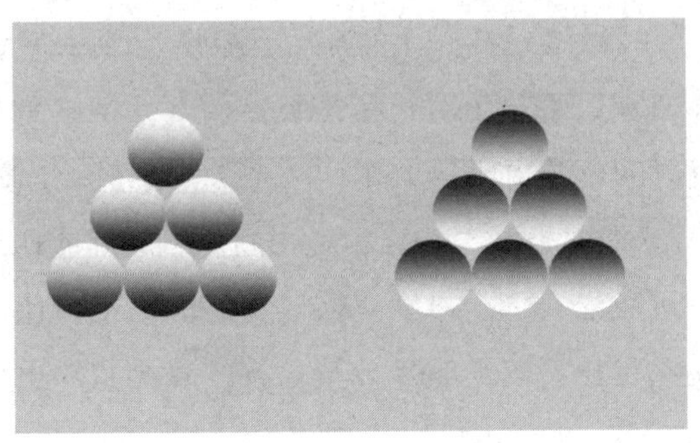

学者江静之曾经研究乔布斯的 PPT 提案发现：上图下文占 62.3%，左图右文占 13%，上文下图有 8.7%。看这样的统计，乔布斯喜欢上图下文的幻灯片设计，文字大部分用黑色，所以图在上，尤其图是产品时，会感觉图像突出与轻盈，因为地心引力关系，我们会下意识推论，文在上，底下的对象通常是比较稳重且深沉的。

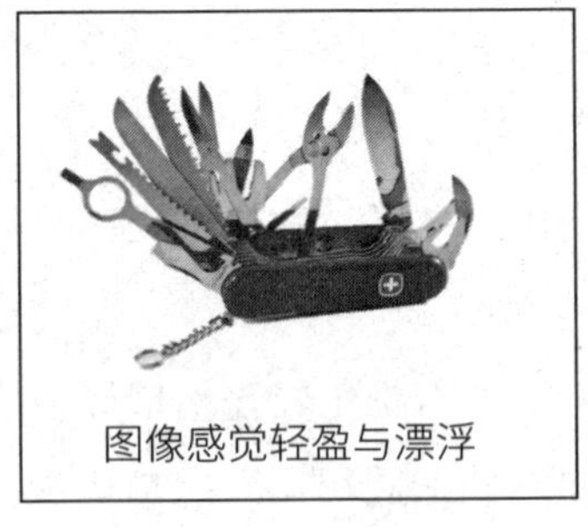

苹果计算机的产品大都是强调短、小、轻等有禅学味道的去除繁杂的 3C 产品，所以很自然地使用上图下文的配置。

习惯跟着别人的视觉方向

关于下意识推论到底是天生演化还是后天学习而来，不同学者有不同的定义，很难定于一调。但是我们有镜像神经元，这种大脑器官能感知他人的情绪并能模仿他们的行为却是与生俱来的。

我们为了看到别人的情绪，所以非常注意他们的表情，据此来判断与猜测目前以及下一步的状况。脸部对我们来讲，具有特别的价值。我们自动看他们的脸，尤其是眼神与眼睛看的方向，我们会下意识推论对方眼睛很重要，所以他看的方向或东西也很重要，这会引起我们跟着看那个方向或东西。

如果你拿东西给小孩，他没有看你手上的东西，就是缺乏分享式注意力（joint attention），这个小孩就可能有自闭症倾向。分享式注意力是使用手势或眼神与别人分享共同的物件或有趣的故事的注意能力。演化的结果让我们的祖先用眼光注视猎物或危险来警告他人：前方有事情发生。这种能力大部分人从小就有。盖格瑞泽提到："婴儿对视线具有敏感的知觉，而且似乎是知道谁在看谁……大约两岁时，幼儿即会根据他人的视线，猜测他人的心理状态。"因此，我们看到别人眼神所注意的事物时，也会自然地注视那事物。

我们可以用这种人类的能力来设计幻灯片，让客户的眼光自动注视重要的事项。

不要用相反方向，会让客户觉得奇怪。

第四部分

销售语言篇

了解客户的需求之后，有了充分的规划，PPT 提案也设计得很完美，接下来就是 show time！你要展现自信让客户知道你已经准备好了。魏斯曼提到："PowerPoint 负责的是展示，你负责的是说明。"所以，你要表现你的舞台魅力，或是训练你在会议的临场反应，展现自己的口才，吸引客户的眼光，说服他们，让客户听完 PPT 提案之后，采取行动。

4-1

打开客户情绪锁的 7 种语言技巧

一开口就能引起客户注意的那些科学方法

我们在开场白中要有一些具体的做法来吸引客户的注意，软化他们的防卫心，并产生信心。

人是互相的，也就是相互模仿的。站在台上的你生气！他们也会生气。快乐！他们也会快乐。如何建立专业或愉悦的气氛都是演讲者要掌握的，成败通常在一开始那几秒就注定了。

我们可以利用下面这些开场白来吸引客户的注意，降低他们内在的干扰。这七种方法是利益、询问、道具、幽默、参与、故事、关怀，这些是你的钥匙，客户情绪的锁需要你去打开。

方法一：用“利益”作为开场白

观众只关心切身利益，你把产品的特点说得再好，你的 PPT 提案设计得再美观，你对你的解决方案有再多的信心，这些在观众的眼中常常仅是辅助而已，不是最重要的考虑。

因为人更在乎自己或亲人，想要让客户关心就是要唤起他们自身的利益。所以，你可以用针对客户的肯定句来直述上面所提的目标，例如：

“今天这个说明会将说明如何将你的部门业绩提升 50%……”

“接下来你将会看到不用花一毛钱就可以设立一个赚钱的网站……”

“我将让你了解提高一半生产力又不必提高成本的秘诀……”

当然除了以第一人称说明之外，也可以充分利用下面这些关键语句，提升客户对利益的认知与关注：

1. 引述名人

“管理大师彼得 · 杜拉克曾经提过……”

“这句话是时间管理大师史蒂芬 · 柯维的书中名言……”

2. 引述报纸杂志

“《商业周刊》第 ×× 期提到……”

“2015 年 5 月 2 日的《经济日报》头版显示……”

3. 引述文献

“根据 ×× 文献报道……”

4. 引述调查数字

“没错！幻灯片显示 ×× 调查，每 100 人就有 10 人……”

5. 引述历史故事

“《孙子兵法》中的 ××× 也是今天我们在销售上所要用的方法……”

6. 类比

“品质提升就像马拉松比赛一样，只要我们一停下脚步，就是退步，准备失败……”

7. 际遇

“20 年前我从南部上来台北奋斗，睡过火车站与公园，而今我是……”

8. **时事**

“最近电视一直谈论美国总统选举的事情，记得 8 年前，我们公司……”

9. **感谢**

“感谢 ×× 公司购买我们的 ××，从此之后，每年降低 ×× 制造成本。”

10. **反讽**

“每当我提出 abc 时，他们都在窃笑，但是，一旦我拿出 ×× 时……”

方法二：用“询问”作为开场白

“询问”开场白是将 PPT 提案的目的包裹在问句里，再丢给客户，让他们思考一下。不是直接告知观众信息，而是用反问的方法，让他们反思。

人们若思考问题，会更想知道答案，所以会更专注在你的 PPT 提案上。

可以用“5W2H”作为询问的开场白。如：

“你知道如何使用正确方法赚到 200 万吗？”

“为什么你会认为降低成本是这么困难呢？”

“有人会告诉你开店并且赚钱的秘诀吗？”

你也可以用假设语气当问句。如：

“如果设定在 10 分钟之内，要组装完这台机器，你会怎么做呢？”

“假如老板要你设计这种产品，你第一个会想到谁能帮助你？”

差异点可以吸引客户的好奇心，他们会思考其中的不同与共通点。我们也可以这样问：

“来！看我手上这两样类似的产品，他们有什么不同？”

“你看看幻灯片上的两张图，你认为有什么共通点？”

方法三：搭配“道具”设计开场白

人们喜欢真实的东西，然而 PPT 提案内容是数字信息，所以一开始使用道具才能够引起注意与震撼，给观众带来强烈的冲击力，让他们留下深刻印象。我曾经建议一位朋友把具体的产品拿出来展示会比口头叙述或虚拟幻灯片还好。

道具也好，工具也好或实际产品也好，都可以好好应用来冲击客户的情绪中心，毕竟在我们人类的演化之中，也只有最近的这一百多年才有多媒体的设备，我们祖先看到的都是实际的东西。

有一次我要演示销售 PPT 提案，一开始我想要让客户了解杂乱信息对客户的影响。我上台时，手中拿着袋子与桶，我将桶放在地上，麦克风放在桶的旁边。袋子里有钱币、珠子、小球、纸团、卡片等，我将袋子里的物品倒在桶内，因为旁边有麦克风，所以声响很大。

此时，客户听到物品掉入桶里的各种声音，也看到形形色色的物品，除了掉进桶之外，也掉到外面。这是种隐喻，表示客户看到业务员时，听到很多杂音，也看到许多的状况，但是太杂乱了，进不了客户的记忆之中。

这种开场白一下子就能引起客户的注意并产生冲击，听觉与视觉交互冲击，通过他们的短期记忆，客户想不记住都难。

从这个案例中我们可以归纳出道具的用法有以下几种：

关联	道具的应用必须与 PPT 提案的主题有关系，有关系才有连贯性，并形成长期记忆
简单	人们不喜欢太复杂的操作，简单的道具能让客户马上了解
迅速	在短时间之内必须完成，人们不喜欢长时间的操作，时间太长客户的感官会疲倦

方法四：善用“幽默”辅助开场白

客户在迟疑或不信任的时候，身体会僵硬。而幽默可以打开情感的心扉，让客户身心放松，释放压力。幽默是润滑剂，可以润滑你跟台下客户的关系。人们一听到笑话就会解除自我防卫的心，也就是放松紧绷的肌肉，将压力稀释掉了。

美国斯坦福大学医学院威廉 · F. 弗莱教授（William F. Fry）指出，大笑能直接导致生理功能的转变，且是一种极佳的内脏运动，能舒缓肌肉紧张、解除压力、增进血液中的含氧量等。

幽默是非常有能量的，胜过其他沟通方式，也会让人觉得容易亲近。你看吴宗宪、胡瓜等艺人，你会觉得他们好像你的朋友一样，可以开开玩笑，可以说说心事。

弗洛伊德说 :“最幽默的人，是最能适应的人。”

我相信你参加过许多演讲，如果发言人或演讲者开始讲笑话，你会感觉压力顿消。心情松弛之后，注意力会更加集中。这是很有用的开场白方式。

以笑话作为开场白不一定要与主题有关，你的目的是软化客户强硬的防卫心与僵硬的身体。只要引起他们会心的一笑，就能达到你的目的。某些人天生就有幽默感，如果你没有，也可以从下面的步骤开始做起。

从搜集笑话开始入门，这是最简单的方法。网络这么发达，很多网站都有笑话集，你可以收集这些笑话并分类，详加研读，揣摩其中意境。

接着可以日常练习。我们视表达为畏途，恐惧说出口，也害怕这个笑话如果客户不笑怎么办呢？进而阻碍我们说笑话的能力。其实自己要多练习，根据收集来的笑话私底下跟朋友讲，如果害怕讲错，也可以跟家人讲。讲过多次之后，你就可以抓住那种气氛，自然而然你就能在讲台上畅快地发挥你的幽默感。

用笑话开场时一定要避免的几件事

不能预告：一上台不要事先就说我要讲笑话，应该要趁客户还没准备时就讲出来，会比较好笑。当对方心里准备好了，就会有预期心理，预期过高他们就会觉得不太好笑。

不要先笑：当我们一旦想要讲笑话时，常常想到那个笑点，就会开始笑了。客户会觉得莫名其妙，产生抗拒。

不必过长：过长的笑话会让对方的耐性慢慢地消退，最好在五句之内就将笑话讲完。

不用解释：幽默是不用解释的，越解释就越不好笑，要让对方心有灵犀，意会那种意境，才能达到事后一想到就想笑的境界。

没有限制：当然，讲笑话没什么限制，天南地北通通可以讲。但是上台还是有些禁忌，有关色情、政治、宗教、习俗等最好不要讲。

方法五：让客户“参与”也是好开场

试着让观众参与，他们会觉得自己是这场提案的一分子，实际动手之后，也会启动其他的感觉。

你可以一开始以询问方式，请客户答复或者做团体游戏达到彼此互动的效果，促进团队思考与合作。VARK[①] 模型显示，人们通过四种途径学习，除了以前面提到的视觉与听觉通道来取得信

① VARK 是从视觉（Visual）、听觉（Aural）、读 / 写（Read/Write）与动觉（Kinesthetic）而来，在 http://business.vark-learn.com/the-vark-categories/ 网站上可以看到相关资料。

息以外，还有动觉与读写方式。偏向动觉的人应该让他们参与活动，提升他们的兴趣，避免让客户觉得参加 PPT 提案是无聊的活动。让底下客户参与的方式为：

回应	以问话让客户回答或举手表示。如请教家里或亲朋好友有没有行动不方便的，请举一下手
讨论	提供相关题目，请与邻座分享或询问。如：看看你手边的纸条，请写下你的想法，然后跟旁边的朋友讨论并分享这种感觉
板书	请客户将想法写在黑板或墙报上。如：请看墙壁上的墙报纸有两栏，分别是现实与理想，在执行 A 方案时，可能会遇到哪些现实问题与未来会达到哪些效益，请各位想一想，然后依序写在上面
游戏	游戏的方法非常多，大都是破冰、团队、激励等游戏。目的是要能快速卸下心防
问卷	有时用响应无法得到准确统计，倒不如使用问卷能取得比较多的回应与比较正确的统计数字

要注意的是，有些参与的方式对 B2B 不太适合，当然，如果是小型会议也不适合，你要拿捏清楚。如团队游戏，当客户人数不多又难以适应这种方式时，在一开场，你可以用响应方式让他们参与。

方法六：运用“故事”让客户更投入

故事比 PPT 提案上的数字与文字更吸引人，它让你与观众产生连接，它也能唤起同理心与情绪反应。

为什么故事能直指人心呢？我们的祖先在还没有电子传播之前，大都在树下或广庭中围着营火说故事，长辈们常常跟子孙们讲述他们当年多么英勇，还会讲一些神话故事。所以，人类几十万年，甚至几百万年的演化中有文字的历史也只是几千年而已。当然，电子传播的历史更短，只有一百多年。因此，我们的大脑已经听了这么久的故事传说，早就植入故事模块了。

在本书第一部分中，我们曾经说明，下决策时，情绪的感性部分会比理性先行，也就是说，你还没分析产品与价格之前，你的感性就开始评判与决定。

故事正是从情绪开始与客户产生共鸣。

如何将故事说得很好呢？所谓的好，当然是满足客户的想法与情绪，还有重要的一点是符合主题让他们产生共鸣。

另外如果是销售 PPT 提案，那么开场白最好不要超过 3 分钟，当然你在中场时，可以长一点，最好也不要超过 5 分钟，毕竟故事只是说服客户的一个因素，你还有很多说服点必须考虑。一般而言，戏剧常有精彩的故事结构，这些故事都有高潮迭起、起承转合、悲欢离合，让人产生共鸣，有想一直看下去的冲动，最后形成喜、怒、哀、乐的感受。其实这种感受就是我们一般情绪的表达。

＊SCQA 原则让故事简洁并聚焦

明托在《金字塔原理》中认为："引言永远采取说故事形式，亦即建立一个熟悉的情境、利用冲突引发问题，然后回答那个问题……一旦精通这个工具，将会使你能够非常快速地找出多数短文的结构。”

虽然短文与 PPT 提案有点差异，但是它们也是类似的，就是一开始要进入情境时，可能都还没有准备好接受这种情况，而故事形式可以让客户减少精力的消耗并清空思绪，是能够让他们一下子进入提案或 PPT 提案的一项有用的工具。

SCQA 就是如本书第一部分所提起的：

情境（Situation）	叙述目前事件发生的状态，事实说明，无论好坏
冲突（Complication）	有某个障碍或难题颠覆这种事实，说明情境接下来的发展并要导入问题的情况
问题（Question）	延续上面的冲突或难点，产生问题点需要立刻解决
回答（Answer）	提出有说服力的解决上面问题的方法

信息常常在我们大脑里面打转，有时是块状，有时又像一条线或不规则的形状，很想说出来，又无法归纳或整理出来。所以，会有一种卡在喉咙的感觉，因此，我们可以通过这个 SCQA 的方法很有次序与逻辑地说出完整的故事。

方法七：“关怀、互动与感受他人”也是好销售语言

为什么我们会信任他人？第一印象十分重要，所以上台演示

PPT 提案的开场白非常重要，如前面所提破壳之后的小鹅会认定会动的东西就是母亲，也就是小鹅来到世间的第一眼对它而言是最关键的。

催产素是大脑里的生理激素，它分泌时会与对方有情感与信任的连接。有项实验[①]发现一方吸入催产素气味更愿意把钱交给对方，金额也会更高，这是信任对方的表现。

高曼："神经科学家终于找到两种引发愉悦的神经传导物质：催产素（oxytocin）与脑内啡（endorphin）；人际循环关系会启动此两者。催产素释放令人有舒畅感，脑内啡则在大脑模拟海洛因成瘾的愉悦感（只是没有那么强烈）。"

高曼认为父母要帮孩子营造安全基地（secure base），让他们心情低落时，可以得到关怀与热爱。彼此双向情绪交流，让小孩对父母产生依附感（attachment）。当人们情绪相互交流，就会启动催产素赋予的美好感受。安全基地会促使这个神经传导物质的分泌。

关怀、人际互动、对话、呼应感受与处理的感受，是高曼所认为的建立人际关系的循环，这可以为小孩提供安全基地，也就是情绪的防护罩。

PPT 提案或销售提案，要尽量朝这个方向前进，开场白是在很适当的场合来进行互动、关怀与感受交流。这七种方法开启客户情绪的锁，建立安全基地，让客户分泌催产素或脑内啡。

---

① 在《消费行为之前的心理学》一书中，苏黎世大学的科斯菲尔德（Kosfeld）对"投资者"意愿的实验。

4-2

最佳销售语言，就藏在你的身体里

你的肢体语言也是说服客户的关键环节

台湾人喜欢看棒球，记得我小时候非常迷棒球，少年棒球联盟世界大赛（LLB）在美国举办，美国的白天就是台湾的晚上，因此，我常常在半夜起来看棒球赛。每当我们的棒球队员打出全垒打或得分时，我总是兴高采烈，手舞足蹈，高兴一整晚，如果赢球，那就是整天兴奋。棒球就是这么迷人，有魅力，甚至我们会模仿球星的动作，如王贞治“金鸡独立”的打击姿势，铃木一郎打击时总是拉拉衣袖，球棒指向投手……为什么我们喜欢模仿这些人的动作行为，甚至表情呢？

镜像神经元的模仿会影响情绪

有一次我骑自行车正要出门去运动，刚好看到嫂子带着侄子走在路上，我一时兴起想要带着侄子出去玩。于是，他坐在我的车后座，基隆河畔的沿途风光非常明媚，徐徐清风打在脸庞非常舒服。这时听到侄子的叫声，启动了我的警觉器官。我回头一看，他的脚流血了，因为被轮轴扫到。此时，我惊恐万分，情绪激昂，赶快叫一台车送他到医院治疗。

当然，他是我家人，会激起我的惊吓情绪，那么，如果是陌生人呢？其实大部分人也会，就像你如果在路上看到有人跌倒，你会想要去扶他一把，因为你会感受他跌倒后的痛苦，引发同理心，扶他一把不要让他持续受伤害，试图减轻他的痛苦，也是减轻你的痛苦。

情绪由在边缘系统的杏仁核所主导，影响我们的购买行为，而镜像神经元是模仿中心，所以它能感知别人的动作与表情来了解情绪。因此，看到别人的喜怒哀乐，我们会感受在心；看到别人抱胸，我们会感受他在自我防卫。这种同理心的机制是如何运作的呢？

马可 · 亚科波尼（Marco Lacoboni）认为大脑有一条连接通道，连接镜像神经元与边缘系统的是脑岛（Insula），称为同理心的神经机制：

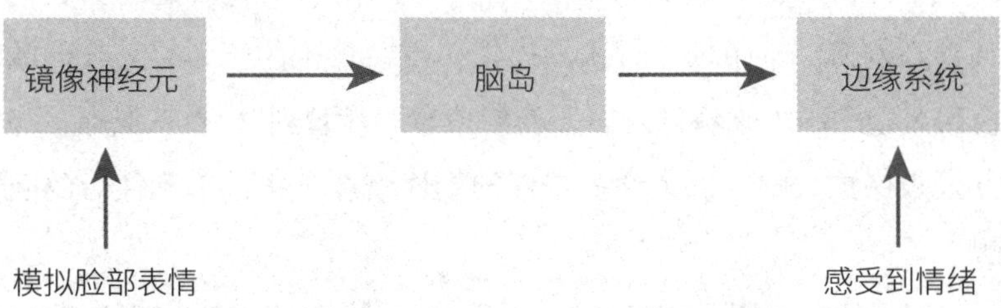

通过看的动作到达大脑的镜像神经元，它辨识对方表情并形成内在模仿，然后经过脑岛将信号传给边缘系统，活化杏仁核感受情绪的存在[①]。

① 亚科波尼在《天生爱学样》一书中对同理心在大脑神经机制概念图有详细说明。

从上面的分析之中，我们可以了解当我们站在台上，或是和客户面对面时，脸部表情与肢体语言可以影响客户的情绪。

所以，我们应该做出一些适当的行为来活化对方的边缘系统。

眼神是情感的主要判断来源

像我这种年纪，电视与电影提供给我很多娱乐，这些娱乐也不全然都是愉悦的情节。恐怖或凶杀的剧情是另外一种效果，我们总喜欢窥探生活中不易见到的现象，恐怖与凶杀的电视剧则能满足这种欲望。当看这些影片时，有鬼怪出现或凶杀现场，我们总会用手遮住眼睛或者视线往下或者看远方与环顾四周，不想正眼瞧电视，只是偶尔通过指缝看电视。

这种情形称为视觉阻断（Eye-Blocking），也就是，当我们感觉到羞愧、不耐烦、讨厌、恐惧、威胁产生的压力时，我们就会用蔑视的眼光来看待对方。希望通过“没看到”“看一点点”等方式来保护大脑，以免这些奇怪的影像留存下来，不利往后的回想[①]。

尼古拉斯·戈根（Nicolas Gueguen）在《消费心理好好玩》中指出：“眼神似乎也影响着我们对于对谈者的观感。研究的成果显示，我们较欣赏眼睛正视着我们的人，尤其是持续正视动作的人。”当然，缺乏眼神的接触是想掩饰自己真正的情绪，所以我们

---

① 乔·纳瓦罗（Joe Navarro）与马文·卡尔林斯（Marvin Karlins）《FBI教你破解身体语言》。

应该透明化自己，让底下的客户跟你眼神接触，展现自己的自信心。

80% 的时间注视对方，双方会感到亲切，但是如果上台演示 PPT 提案时面对的是一群人，根本没办法持续专注一个人。所以，你可以选择某个区域的其中一个人注视他，对着他讲 3~5 秒钟就会扩散到该区域的客户，让他们感觉你在意他们，没有隐藏自己，展现你的自信，也没有把他们当成“不愿意看的事物”。

笑容可以制造愉悦的沟通环境

笑是国际语言，任何地方的笑都代表喜欢的意思，婴儿在四个月大的时候就会笑，表明笑是天生的。虽然有时我们为了掩饰自己轻蔑的态度而假笑，但是出手不打笑脸人，我们对笑的人总是心怀好意。

我们不可能整场都是在笑着做 PPT 提案，但是开场的笑是一定要的，笑代表亲切、喜欢、快乐、满意的状态，我们通过笑来感染对方，制造愉悦的气氛对决策是很有帮助的。就像前面所提的镜像神经元，它是人类模仿的中心，客户看到我们的笑容，他也会产生内在的模仿并影响情绪中心。

笑容跟决策有很大的关联，杜利提到：“口渴的受试者看了微笑的图片后，会比看到不愉快图片的人多付 2 倍的价钱去购买同一杯饮料。”还有实验证明，女服务生的咧嘴一笑会得到更多的小费。可见笑容会影响别人对我们的观感，进而增加报偿。

笑容是很具有感染力的，是很好的社交沟通工具，容易一下软化别人的心。好的情绪来了，下决策会更容易。所以，我们要训练自己：

1. 咬着笔固化自己的笑容。

2. 多念。

3. 看着镜子并展开笑容，遮住嘴巴再笑一次，看看是不是一样，如果一样，表示你没有发自内心的笑。注意眼睛旁的笑纹要显示出来。

4. 讲 PPT 提案之前，想着喜欢的人、喜欢的事情，会影响自己的心情，心情好，就会自然地笑。

5. 正面思考，寻找客户的优点或想象这是一份成功的 PPT 提案。

适当的肢体语言让自己更有信心

我喜欢看 TED 与约尔·奥斯汀[①]（Joel Osteen）的演讲，TED 是由很多优秀演讲者主讲的，因为场地非常多元化，所以演讲者的动作也各有不同。通常，主办者会划定区域让演讲者在这个区域活动。而约尔·奥斯汀所用的舞台单一，范围较大，所以，他在身体语言方面就比较丰富。

从观察中可知，PPT 提案时的肢体表现可以分成站立、移动与手势三大样式。

---

① 约尔·奥斯汀：美国传教士，在电视台有固定时段演讲。

＊站立位置

大部分台上都有讲桌或比较高的讲台放一些 PPT 提案所需的用品，通常演讲者会站在讲桌的后面，这是比较不妥当的站立方式，在你和客户之间最好没有任何阻挡，尽可能移除这些阻碍物或者站在讲桌的前面，让客户看清你。

珍妮·柴佛（Janine Driver）在她的著作《从读心到攻心》中提到我们身体有三个脆弱部分：颈窝、肚脐与隐私的部分。在我们受到惊吓时，常常不经意伸手遮住颈窝，预防遭遇攻击。她也认为遮住这些部位表示你传出“我不喜欢你刚才说的话”“我不信任你”“这让我很不舒服”“我错了，我很惭愧”的意思。所以，任何东西遮住你的身体都会降低客户的信任感。

＊身体移动

通常静止的状态比较难吸引我们的注意力，而且为了避免危险，我们会特别注意移动的目标。所以，站在 PPT 提案前需要移动身体，避免客户视觉疲乏，但是，如果移动过于频繁也会耗尽客户的耐心。

移动身体走向客户是为了与他们交流，你需要与客户互动，增加信任感。人与人之间的距离代表彼此之间的亲疏关系。

人类学家爱德华 · T. 霍尔（Edward T. Hall）将人的关系距离分成 4 种：

亲密距离：0.5 米以内，亲人或伴侣之间的距离。如：亲子、夫妻之间……

个人距离：0.5~1.5 米，好朋友之间的距离。如：同学、同事、同乡之间……

社会距离：1.5~3.0 米，不是私人友谊之间的距离，如：上司与部属、师生之间……

公众距离：3.0~7.5 米，陌生人交往，非私人关系之间的距离，如：公共演讲……

人们不喜欢私人空间被侵犯。有一次我去参观一个 PPT 提案比赛现场，有些人为了表示亲近感而冲到评审前面，非常靠近，事后就被评审批评有压迫感。没错，就以前面距离的认定而言，过于接近是亲密距离，评审与选手应该是属于比较陌生的关系，因此，要保持公众关系 3 米的距离，或许有空间的限制，也要保持 1.5 米的距离。如果，我们一开始就进入私人领域，客户会产生情感冲突，感到有压迫感。

＊手势表现

约尔·奥斯汀在演示提案的时候，手势非常丰富，他的手势表现连接客户的心，热情的人手势通常很丰富，摆动很大。手是攻击与防卫的器官，那表示手势用得适不适当关系到客户对你的观感是否舒适。例如：将双手打开表示欢迎对方；将双手抱胸表示拒绝对方。

找一面镜子，至少可以照到上半身。看着镜子，双手自然垂至两侧，不要动，开始演讲，你是否觉得很僵硬；再次演讲时，双手自然摆动，是不是觉得比较好一点，有点人性。台湾人比较没有信心在大众面前讲话，因此，我们会自动约束自己的行为，手势通常很小也很少，这是我比较 TED 的欧美演讲者与我们，还有根据自己的经验分析而来。

练习肢体语言的方法

如果你不满意你的手势的话，这里有个口诀可以帮助你，多加练习必能将你的手势多样化。

“我买了一个大西瓜，我把它切成 6 片，一片给上天，一片给土地，一片给家人，一片给朋友，一片给你，一片给我。就这样，我们团结在一起，共同分享，我感觉很棒，你觉得 OK 吗？”

一边说口诀，一边跟着比手势。

多加练习口诀配合动作，你会熟悉手势操作方法，一上台也不会生疏自己的手势。

“我买了一个大西瓜”有三个手势。大拇指是权力象征，暗示自信；用食指比一个 1 字指向天，有坚定的感觉；双手画个圆圈越大越好，这个可以让你的身体扩大，看起来非常雍容大度。没有自信会萎缩身体，有自信会扩大身体，所以比大西瓜的姿势，也是很有自信的身体语言。

“我把它切成 6 片”有两个手势。一种是切西瓜由上往下切三次，这是决断的感觉；然后横切又一刀，代表除掉一切事物的感觉。

“一片给上天，一片给土地，一片给家人，一片给朋友，一片给你，一片给我”。手心向上慢慢抬高，然后手心向下渐渐放下。代表我的方向一切往上提升，困难或坏处降低的感觉。然后，将手心向右渐渐推，再将手心向左慢慢推。这表示不要的项目要左推右推。然后，右手并拢，向上，中指指向对方，转回来贴在心脏地方，表示“一片给你，一片给我”。

“就这样，我们团结在一起，共同分享”。紧握拳头向上表示力量与权力的巩固，然后，手心向上，慢慢地由内往外伸，这代表你是在寻求对方的意见。

“我感觉很棒，你觉得 OK 吗？”伸出大拇指表示赞同与夸赞对方的意思，比 OK 的形状也是同意的意思，是一个非常适当的手势。

使用身体语言时应注意的几个问题

在 PPT 提案中常有些动作是不适当的，我们很难察觉。现在手机很方便，都有摄像的功能，所以练习时最好摄像，然后检讨除了上面适当的动作之外，看看是否有下面的问题存在：

- **背朝外：对客户是不礼貌的。**
- **摇笔杆：心不在焉、不专业的感觉。**
- **指对方：人们不喜欢被用手指。**
- **拉裤腰：散漫的感觉。**
- **手交臂：自我防卫的潜意识表现。**
- **脚内八：脚尖朝内表示没有自信的感觉。**

· 手叉腰：凶恶的姿势。
· 咬指头：没自信的感觉。
· 抿嘴唇：遇上麻烦，压力很大。
· 自我碰触：感觉很无聊、很无趣。

4-3

这几句销售“必杀技”，有理又动心

感性与理性结合的说服更能让顾客动心

开场白主要以快速吸引客户眼光为目的，找出对他们有用，让他们好奇的事项让他们马上聚焦于主题。接下来转到中场话题，这一过程时间长，客户注意力容易涣散，疲倦感就来了。大部分人10~20 分钟就会分心，加上手机上网方便，所以容易造成客户拿起手机打发时间。

有一次我参加一个销售 PPT 提案活动，地点是一家高级饭店。我一进会场的门，就有股香气扑面而来，融合百合与玉兰花的香味，我看了一下桌上，除了这两种花以外，还有兰花与玫瑰，还有一些不知名树种的盆栽。我签了一下名，拿了袋子，还有很实用又美观的环保食器。

工作人员将我引入座位，跟一般活动现场动感大声的音乐不同，这里的乐声非常优雅与古典，感觉宛如身在高级餐厅用餐一般。墙上挂着许多精美的照片，有非洲的动物、埃及的金字塔、南极的极光景色等等。黄色灯光由上而下，非常柔和而高档。

我看了一看到底有哪些人会来这个会场。大家穿着都很休闲，白发苍苍看起来很像退休人员的人很多，有些中年人，长相非常斯文，看起来很像公务员、教师或高级上班族。

音乐停了，主讲人出场，他穿着一身探险的服装，简单介绍之后，询问来参会的客户，是否到过南极看极光景色。几乎没有人举手。他还问了许多其他有名的世界景点，结果举手的人寥寥无几。接下来，他讲到了 *Lonely Planet* 评选的一生必去 12 大景点。他说得非常快，根本记不住他讲的什么，但是这不要紧，接下来的幻灯片一个一个展示这些景点。然后，他开始叙述他在旅游之中所遭遇的困难、九死一生，还有一些有趣、冒险的故事，高低起伏，变化万千，真的佩服这个主讲者逻辑清晰，论点有力，非常有专业度。

20 多分钟过去了，投影上仍然在播放旅游影片。又过了 5 分钟，主讲者开始介绍这家公司曾经推出哪些观光路线，获得哪些奖项，有哪些媒体报道，有哪些名人保证等。此时，主讲者点名底下的客户，有三个人，一个是老师，一个是退休公务人员，还有一个是高级主管，就如我前面所观察的。他们一一上台拿起麦克风，开始操作投影笔，介绍他们的旅游历程。

主讲者上台说明休息 10 分钟，后面有些茶点可以食用，还有袋子里有 1 张抽奖券，请填好姓名并将副券交给两旁的销售人员，有任何旅游的问题也可以问他们。

接下来舞台上来了三个舞者跳了 10 分钟的草裙舞，主讲者再次上台用了一些销售手法进行游说，当场下订单折扣非常丰富，渐渐地，时间过了许久，也接近尾声。

中场时间长，人容易疲倦，有人说 PPT 提案就像三明治一样，要一片吐司一片西红柿，一片吐司一些沙拉，一片吐司一片火腿。吐司就是主题不变，但是加一些内容会让整个 PPT 提案更加丰富与活泼，以免客户惯性疲劳。千万不要让客户吃厚吐司，都没有什么变化，容易分心。西红柿、沙拉、火腿、蛋等等就如影片、故事、游戏、问题、互动……让客户聚焦于活动，中场除有理的说服之外，也要让他们感到有趣。

请客户吃三明治不要厚吐司

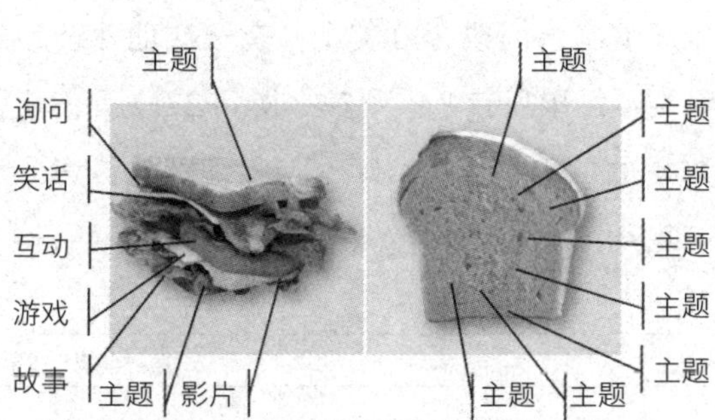

上台演示 PPT 提案时善用“说服三法”让客户点头

PPT 提案不像一对一的沟通可以一来一往地说服对方。大部分的时间都是演讲者在台上表达来说服客户，你也只能从客户的身体语言中来了解、推测他们到底喜不喜欢。一对一说服对方是很难的一件事情，况且 PPT 提案会场有那么多人。我们从小到大经过太多经验与学习的累积，已经对某些事情的判断有了成见，所以，要扭转他们的看法会异常困难。

2300 年前，希腊哲学家亚里士多德曾经提出“说服三法”。

· 逻辑（Logos）：条理分明、论点清晰、推理有理，让对方赞成你的想法。

· 人格（Ethos）：展现知识、道德与信誉，让客户对你的权威产生信赖度。

·情感（Pathos）:注意对方的情绪，连接情感，形成良好的感觉。

TED 有段影片做了说明，有一位音乐家约书亚·贝尔（Joshua Bell）在音乐厅演奏，门票 300 美金。有一次他乔装为街头艺人在地铁站中演奏，结果只有 7 人观赏，得到 32 美元的赏钱。同样的人、乐器与乐曲，也有热情，却有天差地别的待遇，为什么会发生这种状况呢？

说服法	音乐厅	地铁站
逻辑	○	○
人格	○	×
情感	○	×

从此表得知，在地铁站人们缺少对约书亚 · 贝尔演奏的信赖，不会期待地铁站会有什么好音乐家演奏，而且来来往往的车子的嘈杂声与游客匆匆忙忙赶车的情绪很难吸引他们停下来慢慢地欣赏这场飨宴。

这个例子也曾发生在路边牛排与廉价意大利面的使用上。其实路边摊有些食物都很美味，而且价格非常平民，一般的意大利面差不多 100 元，而高级餐厅 500 元左右，哪一个好吃？500 元的口味不一定胜过 100 元的，但实际上 500 元胜过 100 元，因为 500 元的高级餐厅是人格与情感上的胜利。

提案时让客户心动的“六种影响原理”

第三部分提到罗伯特·B. 西奥迪尼（Robert B. Cialdini）是研究顺从心理学的教授，他在《影响力：让人乖乖听话的说服术》一书中详述了自己的观点。他一直研究哪些心理因素影响他人顺从要求。他参加过许多需要说服别人的工作，如：销售人员、广告人员、募款人员、店员之类。在三年的参与式观察中他形成一些观点，并归纳成六种影响原理：

· **互惠原理**：给别人恩惠，就会得到回报。

· **承诺和一致原理**：做出选择之后，我们会有种压力保持言行一致。

· **社会认同（Social Proof）原理**：根据他人（众人）的意见来决定自己的决策。

· **喜好原理**：答应自己认识或喜欢的人提出的要求。

· **权威原理**：受到头衔高、专业人士或长辈的意见所影响。

· **稀有性原理**：越稀少的东西，我们越想追求；数字越小的价格，我们越觉得划算[①]。

回到一开始的旅游销售 PPT 提案的案例，我们试图利用“说服三法”与“六种影响力”来分析此案例所揭示的信息。

---

① 罗伯特·B. 西奥迪尼在《影响力：让人乖乖听话的说服术》中经过店员、销售员等职业的社会历练之后，归纳了六项影响别人的方法。

说服 / 影响	成立	应用
逻辑	○	确实整场来看，前后逻辑一致、立论有理，设计非常流畅
人格	○	主讲者有丰富的旅游经验，主办者也是经营多年的企业，这是不容怀疑的，而且 PPT 提案内容很知性，值得信任
情感	○	会场的气氛（气味、灯光）与幻灯片的高级应用能勾起客户的情绪
互惠	○	赠品、茶点与抽奖让客户免费取得
承诺和一致	×	PPT 提案会场难以对话，或许可以利用前面开场白的询问方式，让客户承诺。当然，中场时间询问也是很适当的，毕竟比较接近收场，催促购买阶段，对承诺的印象比较深刻
社会认同	○	那三位已去过的消费者的展示能产生很好的群众动能
喜好	×	我不知道这些客户是怎么来的，也不知道到底喜不喜欢这种方式与产品。如果用互惠方式让这些已去过的客户带人来，会收到意想不到的效果
权威	○	主讲者、三位分享者与企业本身就具备权威象征
稀有性	○	南北极之旅、非洲冒险之旅……跟大众市场确实能区分出高级旅游来，比较稀少

当然，在 PPT 提案的中段时刻也不是每个技巧都需要用到，而且这些是整体考虑，我们也必须配合销售与幻灯片来加以呈现。

品克提过："医生卖医疗给病患，律师卖陪审团判决，教师卖学生专心上课的重要性。创业者争取资金，作家讲甜言蜜语哄骗制作人，教练激励球员。我们都会向同事做 PPT 提案，还会向新客户推销。”

中场 PPT 提案困难点在于长度比较长又要支撑主题，否则逻辑感不足，收场白就难以应用。所以，我们需要三明治法则来结构化中场，也要在“说服三法”上多加着墨，甚至利用六种影响力来强化“卖”的重点。

4-4

抛出诱饵，消除客户的抵触心

用科学方法找出卸下客户心防的关键话术

客户坐在底下当客户时，一定是带着成见过来的，这些成见会有许多疑问需要厘清，当然不可能什么问题都照着客户的想法给答案，否则，客户赢，我们输，无法达到双赢，这种交易是无法长久的。所以，丢诱饵是不错的技巧。

抗拒，是客户一开始的预设心理

有一天我在豪宅的展售会听提案演讲，主讲者说："要认识人脉比你好，经验比你丰富，钱比你多的人做朋友。"所以我在会场一直找寻哪一个人有这个特质。我的业务特性又来了，一直找人交换名片，大家社会历练也够，所以并不会视交际为畏途。

认识的人越来越多，名片也越积越厚，有形形色色的人谈论自己的状况。有人就想要推销产品给我，我遇到这种事跟别人反应不一样，我都很高兴，毕竟以前我是从事这一行业的，我也想要知道这些第一线的工作者是用什么方法将产品推销出去的。

其实大部分的人都经过一连串的业务训练，而且在社会上也历练过一阵子，所以推销起来并不会让人有生涩的感觉。那天有三位，一位是直销商 A，还有一位周边设备的老板 B 与一位推销文艺活动的主管 C。

在陌生人面前推销最怕抗拒，就是当你名片拿出来时，对方就会在心里面说 NO。

当我遇到这三位很尽职的业务人员跟我推销时，我的自动防卫系统就立刻开启抗拒，因为根据我的经验，他们要改变我的脑袋，掏光我的口袋。初次见面的感性印象一旦控制我们，理性就会被忽视，也就是我们不再判断他提供产品的好处。

客户产生抗拒，也就意味着业务员要让他在有限理性下做抉择，但是，客户一开始是以感性为判断基础的。怎么办呢?

抛出“有高度位置”的诱饵

直销商 A 的推销话术是环保、健康与收入，A 先以环保为切入点，中间讲食物中有很多病毒，但他们的产品是自然物提炼的，然后以收入为压轴。可见 A 是受过训练的，了解人们的心理需求。如果以收入为开场的话，当然这是大部分人的需求，但是在台湾地区传统教育的背景之下，钱变成不可说的秘密，所以说得多会变得有点市侩。因此，A 以环保为开场是不错的诉求点。

如果业务员采取一种高度位置的说法，常常让客户无法招架，这些高度的位置如：

外在环境：慈悲、道义、环保，是我应该为别人做些什么。

内在诉求：健康、钱、家人，是我应该为自己与家人做些什么。

A 以环保、健康与收入的诉求，确实能打动别人的心，但是，还缺少中间的媒介，就是信任，没有信任我们就直接在心里拒绝对方。

于是我就想测试看看A的反应如何，看A的关心是不是口头上而已。我说："我的喉咙很干，不怎么舒服。"A马上拿出润喉糖来请我吃，这是个非常好的动作。然后我们继续聊，我说到口渴，手里拿着一杯果汁已经喝完了，A就想要马上帮我倒茶，我连忙说谢谢不用了，结果A没去帮我倒水，如果A抢走我的茶杯去倒水，我会觉得这个动作更棒。

初次见面缺少信任，取得信任是非常重要的，你要抛出诱饵来，上面所举的诱饵就是很适当的目标物，通常能打动客户的心。

诱饵要有好的效果就在于比较，如此才能显示重要性。A站在一定的高度，暗示或明示要做环保，就是比现在居住环境还好；要吃得健康，未来就会比现在的生活还快乐；从事这个行业收入××万，不用工作就让钱流进来，也就是比你现在的收入还多。这些诱饵实在太迷人，引诱你进来消费。

"-X型诱饵"让客户快速做选择

除了直截了当的比较，还有使用比较高级的方法，艾瑞利提到一个案例，他看到一则杂志促销的广告，于是他做了一项实验，请学生投票要选择哪一种。

网络版 US$59

实体版 US$125

结果网络版有 68 人选，实体版有 32 人选。

另外，他又用另外一种方式营销。

网络版 US$59

实体版 US$125

网络版 + 实体版 US$125

分别为 16、0、84 人挑选。

前面我们讲过人们不喜欢复杂的思考，第一个方案看似很简单，只有 2 选 1，但是其实不简单，因为我们如果有兴趣的话，就会开始搜寻数据，看看自己适合哪一个版本，要在这两难之间做选择，可能要一段时间决定。

而在第二个方案中，我一比较，根本不用思考就选择第三项网络版 + 实体版，因为单单实体版跟多加一个网络版的价格是一样的，大部分人都会选择免费多出网络版的杂志。

这个例子是将实体版当成诱饵来引诱你降低选择的思考来购买双版本的杂志，又满足“赚到”的感觉，让损失厌恶感大大降低。所以，“-X 产品”的提出是非常重要的，“-X”就是诱饵，如果你在卖 X、Y 产品，但是你的目标是 X 产品，所以你要提出一项 -X 的产品，当然 -X 的条件比较差一点。客户就会自然地选择 X 产品。例如：有个厂商进口又贵又丑的烤面包机，放在门店并不好卖，于是他又进口比前一个更贵更丑的机型，两台放在一起，结果前一机型就热卖了。

所以，诱饵抛出来之后，就会产生互惠，让客户对你的好感度增强。

销售建立在客户的消费行为上，行为根据习惯与经验而来，所以你不是改变他们的习惯，而是改变销售技巧。改变客户的习惯比较难，但增进自己的销售技巧比较简单。

4-5

善用“对比”创造客户的购买捷径

强化你对客户的说服力的科学方法

有一次我去逛大卖场时，走着走着，看到牙膏特价的告示，是买两支大的送一支小的，3 个包装在一起。奇怪的是，旁边还有两支大的包在一起，价格一样。虽然说家里还有 1 支牙膏并不急着买，我还是顺便拿了特价牙膏。然后，我走到干货区看到多加 20% 的洋芋片，多加的部位用黄色显示并写上 20%，旁边还有剩余的未加的商品。当然，大部分的人都拿多 20% 的商品。

人会因为对比而产生错觉

知觉不是永远绝对，而是相对的，一旦客户缺少对比，他们在决策时就会不知所措。

你会觉得下面左图中间的圆圈比较大；而右图中间的圆圈比较小。其实，两个一样大，这只是对比的关系让你觉得它们之间有大小之别。

我们会根据其他事物来判断

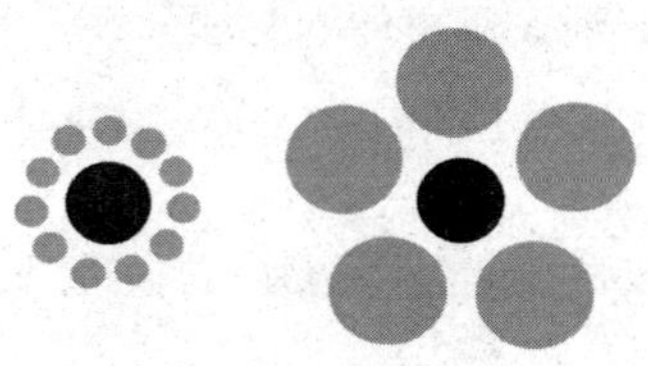

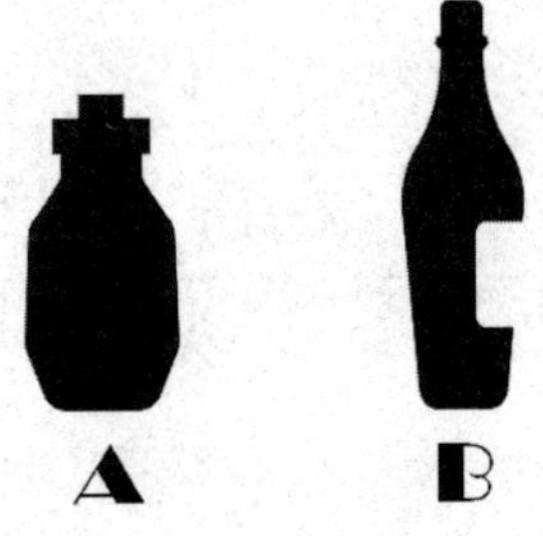

纽约大学营销学教授普瑞雅·拉吉忽贝尔(Priya Raghubir)说过:“消费者会把包装的高度当作主要信号,这种高度延伸就等于容量变多的感觉,会让他们增加购买次数和消费量。”①所以,形状的对比最好改变包装的高度,你看右图,你会选择A还是B? A看起来容量比较多,但实际上A与B是一样多的容量。

文案的对比导致客户的不同选择

前些日子网上流传一段影片,内容是有位盲人在路边乞讨,他在纸牌上写:“I AM BLIND PLEASE HELP(救救我这位盲人)”。许多路人经过,但引起恻隐之心的人很少,所以捐助的路人也不多。此时,有位小姐从旁而过,发现他的标语有问题,于是,帮他改了一下为:“IT'S BEAUTIFUL DAY AND I CAN'T SEE IT(真是美好的日子,可惜我无缘欣赏了)”,结果捐钱给他的人增加许多。

据说这是根据广告大师罗瑟·瑞夫斯(Rosser Reeves)的事迹改编的,各个版本都有,但不管如何,他所表达的是:提示标语会吸引人,改变别人对事件的看法。

① 在《行销前必修的购物心理学》中,作者菲尔·巴登(Phil Barden)引述纽约大学营销学教授普瑞雅·拉吉忽贝尔(Priya Raghubir)的观点。

然而，这又隐含着一种现象：对照或对比是一种比较。我们在“第三部分”提到框架效应，是一种认知的偏差，对类似的事情从不同角度的思考会有不同的认知与决策。

这个盲人原来的标语只是告知他人自己目前的状况，请求路人的协助，可惜事与愿违。改变标语之后，路人便以不同的角度思考，这让路人感受到日子的美好，对比这位盲人无法享受这一切，只因他无法看见，所以，路人的同情心被激发，纷纷捐钱表达自己的看法。

销售时应该拿什么对比

我们常常看广告有很多对比案例，如：减肥前，减肥后；整形前，整形后；使用前，使用后……这种以时间对比为基础的情况，为什么能说服我们呢？虽然是同一个人时间前后的比较，但是那不是我，怎么知道我经过同样的疗程也能变得那么苗条呢？

前面说明镜像神经元是同理心与模仿，同理心是社会认知的基础；模仿是最原始的学习。看到广告之后，我们可以通过“同理心的神经机制”了解，促发边缘系统的情绪中心，引起自己的兴趣，想要通过模仿来学习减肥疗程，然后就会有心理的模拟，想象未来情境，“苗条”是怎么一回事。

马汀·林斯特朗对此有一个奇妙的说明：“想象你自己是一个女人，正经过服装店 GAP 的橱窗，有个线条优美的人体模特儿……她看起来真是太棒了！纤细、性感、有自信……即使你胖了几磅，你下意识会这么想：‘我也能像她那样！如果我把这整套衣服买下来，我看起来就可以像她那样。’十五分钟后你手臂上多了个袋子……镜像神经元凌驾理性思维，导致他们不自觉地模仿和购买在他们面前的一切。”

模特儿的形象跟你的穿着打扮形成对比，纤细、性感、自信、流行、利落——臃肿、乏味、萎缩、俗气、邋遢，引发你去追求这种美好境界。

从上可知，对比能在我们大脑里形成报酬现象，进而影响我们的喜爱程度。那么，要比什么呢？杜尔在《视觉沟通的法则》中提到 3 种对比：

内容	比较可能状况与现实状况或你与观众的观点。如：过去与未来；抗拒与行动
情绪	分析和情感之间来回移动。分析：图表、数据……；情感：故事、影像……
表达	传统和非传统的表达方式来回移动。如：严肃与活泼；单向与互动

4-6

“推荐”让客户的选择有靠山

适度加入证言，填补客户最后的不确定性

美国市场调查公司尼尔森（Nielsen）有个调查是“2009 年全球网络消费者调查报告”，它说明，有九成的客户相信认识的朋友对商品的推荐，然而也有七成的人相信网友网络上的评价。到了 2015 年，尼尔森的全球广告信任度研究显示，台湾地区网络上 86% 的受访者最相信亲朋好友推荐，愿意采取行动者为 87%。

我们喜欢跟着别人做同样的事情

早餐我大都吃面包或者麦片之类，买这些食品拿着就走，非常方便。有一次我心血来潮转个弯到另外一条街，突然看到前面有人排队，我很好奇凑前一看，就是很普通的面线羹，台湾的庶民小吃。

这家店看起来很不起眼，又没招牌，地点也不是很好，服务很普通，就在路边吃，所以卫生条件也不是很好。来来往往有许多人，如果没人排队，你就会忽略它，就像台湾许多小吃摊一样，普通到你不会多看它一眼。

前段日子新闻报道日本有家珠宝店开了一段时间却生意清淡，它的位置很好，知名度也不错，但不知何故，消费者不进来消费。

于是店方想到了一个免费送珠宝的营销方案，这个方案很成功，一开始宣传就有人认为可以“免费”得到珠宝，当天就有人去排队，结果一传十、十传百，排队的人实在太多，就吸引了媒体的注意，并加以报道。在媒体的推波助澜之下，消费者更加疯狂地排队。好点子的促销引起消费者排队，让这家店起死回生。

林斯特朗提到：模仿这个概念是促使我们购物的很重要因素……也许某个样式的鞋你觉得太丑了，直到你开始看到经过身边的人有 1/3 脚上都踩着这样的鞋。突然，你的感觉从“那种鞋真够丑”转变成“我也要买一双，就是现在”。

人们倾向于相信别人的推荐

不管是为了好吃而排队也好，免费排队也好，还是别人有我也要有而去买东西也好，或者网络上别人的评价或意见也好，我们总是一窝蜂，蛋挞、汤包、更早以前的荷兰郁金香投资更是利字所趋，勇往直前而形成潮流。或许你会认为，你不会做这种事。好吧！如果你走在路上，看到有 5 个人往天空上看，指指点点，我相信你也会跟着瞧个究竟。

这是一种现象，我们会基于好奇与恐惧跟着大部分的人做同样的动作，还有跟别人一起做可以分散风险。

格雷戈里 · S. 伯恩斯（Gregory S. Berns）是美国埃默里大学脑神经科学家，他做过一个实验，让受试者判定图形是否一样，其间也可以参考其他人的答案。结果发现大部分人会跟随大多数的观点，即使答案是错误的。所以，他认为：“顺应群体可能感受到某种奖励或快感。”

大卫·刘易斯提到品牌虫的观念，就是广告人或营销经理希望在消费者大脑里植入情感记忆，他说：“品牌虫一旦寄生在大脑，只要看到这个品牌，就会触发相同的感受和回忆。人们天生就是倾向将自己归类于某个团体，同僚之间分享快乐与痛苦等等的情感信息，当然这些也就如伯恩斯的实验中显示同侪压力的现象，造成我们会自然而然参考其他人的意见。越多人有这种反应，对购买决策就有更大影响，这是所谓的‘社会认同’或‘从众效应’”[①]。

用社会认同让你的客户下决策

就如前面所提到的，好奇、分散风险或强大的同侪压力能产生社会认同的模仿行为。在商业活动中也常常看到利用这个方法让别人顺从，例如：罐头笑声、旅游 PPT 提案的明桩（举证好玩的现象）、夜市拍卖的暗桩（跟买者竞价）、门市安排人或促销排队等等。西奥迪尼认为不确定与相似性是社会认同最适用的条件。

“人们在不确定的时候，更容易根据其他人的行为来判断自己该怎么做……我们在观察类似的人之行为时，社会认同原理能发挥出最大的影响力。”

不管来听 PPT 提案的人是谁，你的主管也好，同事也好，客

---

① 参考《消费行为之前的心理学》。

户也好或者消费者也好，他们其实都处于一种不确定的状态，也就是怀疑该如何下决策，想听听你的看法。这些人也想要看看与自己类似的人如何决定买或不买，所以适当地使用社会认同可以影响他们下决策。

你的 PPT 提案可以适时加入这些证言，形成安心的证据与很多人跟你合作的趋势。

推荐人	这是很有效的方法，尤其是名人或专业人士，还有一般的使用者推荐，这是比较容易找到的，如旅游 PPT 提案之类
销售对象	某些大通路、有名的工厂或名人之类
合作伙伴	与知名的海内外厂商合作开发
媒体	在某些知名的杂志、报纸、网站刊登
报告	研究报告、调查报告之类，对我方产品或形象有利都可提出
政府机关	能进入政府机关就表示经过了一定的严格审核，让客户产生强烈信任感
成功案例	有成功案例对客户来讲是不错的印象，或者其他有利产业的成功案例也行
第一名	观众只记得第一名，告诉他们我们最棒，第一名表示大家都跟你买，你要让自己有第一名的印象产生。如果不是台湾第一名可以缩小为台北第一名，如果不是第一名，也可以说前三大的厂商
荣誉	得奖记录、超越记录、认证记录使客户形成可靠的印象

这么多的事项形成有利的证据，让客户知道，大家都往东边走，

你往东绝对没问题，风险很低，利益很大。

如何让客户相信推荐的 FAB ＋“E”法则

特点销售是最容易应用的，大部分人天生就会，毕竟我们懂事以来，几乎天天都在消费，也常常跟店面老板买东西，听久了，也知道他们的销售语言。然而有些老板知道有竞争对手的状况，所以会加入优点的应用，让自己的产品先占据有利点，利用比竞争者还要有优势的说服法。没错！这也是好方法。然而更精进一步的方法是，你要先了解客户的需求才是最适当的方法。

FAB 法则是满足客户利益的销售语言：

特性（Feature）	解释产品或服务有哪些特点、属性、事实、数据等
优点（Advantage）	跟竞争者比较显示优点或者如何帮助客户与如何使用
利益（Benefit）	上面两点如何带给客户利益，此利益是满足客户的明确需求

因此，我们可以知道 F&A 这两点是卖者所认定的标准。有点强迫性或自以为是的卖点，以为客户需要这些，有没有可能击中客户的需求点？有可能，但这好像瞎子摸象一样，并不是客户认为的需求比较常见。

F&A 是比较好设计的销售语言，而 FAB 难在“利益”不知道如何操作，尤其在 PPT 提案上面。

尼尔· 雷克汉姆（Neil Rackham）在其著作《销售巨人》中提到：

· 特性引起价格争议
· 优点引起反对意见
· 利益产生支持或证明

F →这个是什么
A →这个能为客户做什么
B →了解客户为什么需要这个产品，并解释能带给他什么样的利益

网络流传一个 FAB 故事，有一只猫肚子饿想吃东西，一位业务员就送了一笔钱给它（F），它完全不感兴趣。业务员跟它说明，这笔钱可以买很多鱼（A）。猫还是无动于衷，业务员又跟它讲，吃了鱼，你就可以填饱肚子，不会饿了（B）。

你是一家五金行的老板，有个人匆匆忙忙跑来询问有没有钻孔机，你说明你的产品是 600 瓦马达，不锈钢钻头，可用 2000 小时（F），最高级的钻孔机，什么墙都可以钻（A）。客户表达他需要一个孔洞钉挂钉挂衣服，此时你还在推销钻孔机的话，他买回去就会怪你。你可以推销 3M 无痕挂钩不用破坏墙面就可以挂衣服（B）。

猫是要填饱肚子，客户只需要挂衣服，所以客户的需求才是

重要的，也就是你要介绍符合他的需求的产品。B 才能满足客户的需求，其他说明客户都听不下去。

我们再来看看这些 FAB 用词：

公司	产品	F(特性)	A(优点)	B(利益)
五金行	钻孔机	600 瓦马达	可穿透任何墙壁	轻松又快速
服饰公司	衣服	紧贴、全棉	合身	穿起来透气凉爽又好看
家具公司	真皮沙发	真皮	柔软	摸起来感觉舒服
瓷器公司	咖啡杯	有个把手	不会烫到手	安全，不会受伤
清洁用品公司	牙刷	独特凹型刷毛	有效清洁牙缝	避免口臭与牙周病
汽车公司	汽车	12 缸引擎	0~100km，12 秒	省时、快速
食品公司	西红柿汁	富含番茄红素	预防心血管疾病	心脏强健、身体健康

看到上面的解释，发现利益跟五感有关系，就是视觉、听觉、味觉、嗅觉与触觉。此时，加入动词进去，增加什么也就是正面强化框架，降低什么也就是负面强化框架，可以形成利益的整段句子。

正面强化	增加、赚到、享受、学习、得到、更多、交到、获得、帮助、挖掘、发现、充足、保障、拥有、额外、提升、解决、影响、保持
负面强化	降低、节省、避免、不用、减少、去除、退掉、免除、没有、不会

所以，在销售 PPT 提案中，我们就可以发展你的 FAB 整段说词来说服客户：

F&A 说词	FAB 说词
我们的西红柿汁含有番茄红素，又可口好喝	我们的西红柿汁拥有番茄红素，它可以降低心血管疾病、糖尿病、癌症罹患的风险，而且喝起来口感非常好，不胀气，所以可强健体魄，延年益寿又顺滑爽口
这个太阳能热水器是不用瓦斯的	这是一个不必用瓦斯也能有热水的太阳能热水器，只要安装一次的费用就可随时洗热水澡，您不必担心瓦斯泄漏的危险，又能节省购买瓦斯的钱和缴费的麻烦。安全、安心、省钱又方便
我们有一套在线销售软件，可以让你的分公司了解客户购买情况	我们有一套在线销售软件，可以让你的分公司了解客户购买情况，你说过你必须改善各个分公司相互交错的销售情形，这套设备有助于你解决问题

FAB 法则是很好的说服工具，但还是有人希望看到证据来证明你的 FAB 是有凭有据的，不是空口白话，胡诌一番。因此 FAB 后面还要加一个 E（Evidence）形成 FABE 法则，也就是要搭配我们前面所提的证言推荐名单。

促发效应中的自动驾驶

以前寒假的时候我曾经到一家做塑料船的工厂打工，住在宿舍里，每天都能闻到塑料的味道。白天在工厂的装配线上，努力将各零件组装成一条船，回到宿舍衣服沾染了这个味道，慢慢地进入到房间里，一个一个员工进来，到最后除了汗臭味以外，还是塑料味。这个味道让我到现在走在路上闻到塑料味的时候，就立刻浮现出当时做苦工的情景。

不仅是嗅觉，其他感觉器官都有这种现象，它让当时的情境通过感官进入到大脑形成记忆，嗅觉是最容易引起长期记忆的感官。林斯特朗认为我们大脑 85% 的时间都是处于自动驾驶的阶段，也就是我们的潜意识更能解释我们的行为。尼尔 · 马丁（Neale Martin）在《习惯决定一切消费行为》中将大脑运作分成两种思维：一种是执行思维，是有意识的认知运作；另外一种是习惯思维，是负责潜意识运作。他认为 95% 的人类行为是潜意识主宰，也就是我们已经习惯去感觉这个世界。所以情感与认知层面在大脑交互影响我们的行为，但是大部分的时间，大脑并非有意地思考，而是自动执行我们的决策判断，情感层面通常占绝大部分。

脑神经科学家为了证实某项人类行为动机，常常以 fMRI（功能性磁共振成像）或 EEG（脑电图）来探测人类大脑心智的活动方式，取得的神经影像可以显示大脑的奖励中心的反应状况，它的准确率比问卷调查还高。例如：让受试者快速观看婴儿与成人的脸部照片，证据显示 1/7 秒内大脑的奖励中心对婴儿有反应；还有前面所提的跑车触动男人的奖励中心等。

促发效应（Priming Effect）是某个刺激物活化我们的认知处理，可以帮助我们形成该刺激物的记忆点，或激起相关记忆。也就是说刚感觉到的信息，会引发下一步的认知处理或相关记忆。所以，当人们看到婴儿的脸时，会促发他产生保护的冲动；男人看到跑车时，也会促发他有拉风的感觉，想要拥有一台；我走在路上闻到塑料味时，会促发我的做苦工的记忆。这些都是大脑自动执行的结果。

塑料味 = 做苦工

跑车 = 拉风

这两个是不同的促发引发记忆联想，做苦工是我实实在在的经历；而拉风中的惬意、骄傲与地位是自我想象，联想出来的。

营销学作家菲尔·巴登这样解释过："大脑是这么运作的：当我们辨认出一个物体后，这个信息就会转译成一个心理概念，并加入其他意义。我们看见玫瑰花，并辨认出这是一朵玫瑰后，就会触发联想记忆，让我们想到印象中的玫瑰花有关的各种标准事物，譬如我们通常会在哪里看到玫瑰花等等。借由这个过程，我们也可赋予意义。"他还认为这些概念对客户的影响，甚至可以超越实际产品本身。

玫瑰花 = 浪漫

跑车 = 地位

他认为这是"重新编码"成心理概念。在第三部分曾提到促发效应分为知觉促发与概念促发。而以上两个例子都是概念促发，当我们看到玫瑰，想到的不是花的形状、颜色而是浪漫的气氛；当我们看到跑车，想到的不是汽车的外观而是开起来时的"拉风"

与彰显的地位。是多巴胺让我们对这种感觉上瘾了。

这也是客户想要买的利益，这比产品本身（F&A）还重要。我们要在客户的潜意识中让他自由自在地进入我们所设下的“陷阱”。

来到这里，PPT 提案也接近尾声，我们已经潜移默化让客户促发他的情感，到了收场白的时刻，他们已经情绪高昂，在等待最后下决策的时刻。也有可能太多刺激或者无聊，客户显得意兴阑珊，这时他们可能还是有点小小怀疑到底要不要按下“购买”键。不管如何，这是最后的机会，你的促发还要强化，就像我们前面所提的，人们在开头与结尾的印象最深刻。“重新编码”已经在开场与中场默默嵌入客户的大脑，我们要再一次用知觉促发来强化客户的记忆、选择与决策。

4-7

别让客户选择，你帮他选择！

琳琅满目反而卖不出去？客户想要的是你的建议

PPT 提案与销售提案来到尾声，要开始收线，你要让客户下决策，也就是希望他能按下购买键，当他要按下的时候，理智就出现了，告诉他且慢且慢！客户一慢下来，或产生疑问你没办法解决的话，这个 PPT 提案就有无效之虞。

你必须帮客户做最佳的选择

又到补货的时刻，我驱车前往大卖场，刚好是用餐时刻，我走到了卖套餐的摊位上。当我抬头看到上面的菜单组合时，我一时愣住了，因为有二十几种选择，我的大脑里开始盘算，哪一个看起来比较好吃，哪一个性价比高，哪一个比较有营养，但是品种过多造成我选择上的困扰。

这种现象我想日常之中，我们都遇到过，经营者让自己的商品丰富些，看起来好看些，让客户选择多些，最主要的是选择多一点，就以为会卖多一点。这是很奇特的一件事，到底品种多比较好，还是品种少比较好？

这里有个实验案例，很多研究社会学或脑神经科学的书都会提到行为科学家伊安格（Iyengar）和社会学家雷普（Lepper）

的实验，在放 6 种与 24 种口味的果酱摊位上，观察这两摊的销售状况。放了 6 种果酱的摊位有 40% 的人停下来试吃，但 30% 的人会购买；而放了 24 种果酱的摊位有 60% 的人试吃，却只有 3% 的人会购买。

iPhone 手机每次发行大都只有一种，只是内存与颜色的变化而已；而 Android 的手机，不管是三星也好，HTC 也好或其他小厂也好，大都以机海策略来满足各个不同领域的人。结果 iPhone 大卖，利润有目共睹。

过多的选择会造成决策瘫痪，众多的选择不知道是哪一个比较好，分析能力会下降，这是什么原因呢？威辛克认为："这是多巴胺效果的一部分，信息令人上瘾，只有当人们对他们的决策有信心时，他们才会停止搜寻更多的信息。"那就是不确定与复杂度让我们对选择失去信心，导致选择瘫痪，即使是不相干的不确定，这是两位心理学家阿莫斯 · 特沃斯基（Amos Tversky）与埃达 · 沙菲（Eldar Shafri）实验研究所得的结论。大卫 · 刘易斯指明大脑有三种思考自动化：一是将决策变成潜意识的决定；二是分类；三是"快捷方式式思考"，运用快速简单的思考规则，这些大大地影响消费习惯。我们的大脑通过经验或者演化所形成的基因，让潜意识原则来节省资源运用，刘易斯认为这种快捷方式式思考在消费上有 6 大法则，其中一项为"选择时耗费的精力越少越好"。

盖格瑞泽："演化赋予许多动物心智根据序列决策法进行选择的能力。"序列决策法是一开始我们先考虑某个因素，如果这个没办法满足判断时，我们才继续搜寻下个因素。例如蜜蜂采蜜时，根据花朵的气味判断，然后是颜色，接下来通过形状来区别不同的花朵。

盖格瑞泽认为：选择一个好理由就够了，胜过千万个理由。

当然，到了 PPT 提案的尾声，我们已经在前面进行了理性与感性的说服与设计，最后你要让客户做选择，客户已经听太多了，你要推出一个方案让他点头，这个方案要简单、易懂，击中客户的心。

价格其实也可以由你帮客户选择

先入为主可以形容锚定效应的意思，就像我前面所提的，当我走在路上闻到塑料味就想起以前打工的事情，这个味道已经在我大脑锚定了。我们也讨论了第一印象对初次洽谈的重要性，那是客户在他的心目中已经锚定了，破壳的鸭子第一眼看到的会动的东西是母亲也锚定了。所以一般来讲，我们对已知的东西已经有先入为主的概念，用已知的概念来推估未来或未知的事情，如这个人以前骗过我一次，那么在我心中这个人就是骗子，以后他做任何事情都要防范。

台湾夜市是非常有名的，在我们小的时候，父母常带我们去逛夜市，也是家乡人共同的回忆。其中都会有拍卖的摊位，摊主是非常奇特的人，论长相与身材通常不是很优质，但是口才却是一流，常常听他鼓起如簧之舌，把不怎么样的产品，讲到活灵活现，价值马上直升。你应该见到过，他拿出一样拍卖品，就说这在某某百货公司卖 3000 元的价格，然后这个在这里卖 1000，不用，500 不用，250 也不用，200 就好。然后，很多人就掏钱买了。

乔布斯价格定价法也让人啧啧称奇，他是用 PPT 提案方式进行的，当要显示 iPad 的价格时，屏幕上只显示 $999，然后乔布斯再说明一会儿，屏幕就降下到 $499 的字样。夜市拍卖场合的 3000 元与乔布斯在 PPT 提案上显示的 $999，这都是在客户的心中定锚了。

第一个价格已定，随后如果降价，客户购买的意愿就会提高。他们认为这样的交易比较公平。

任何人都知道这种方法是诡计，有用吗？就像我们都知道夜市的拍卖第一个价格都是假的，乔布斯本来就要卖 499 美元，显示 999 美元只是障眼法。英国首席定价大师与行为经济学家利·考德威尔（Leigh Caldwell）也曾经在他的研讨会与提案中不断地实验，在他的著作《价格游戏》中提到："尽管很多人早就猜出我想证明什么，却依然有效。这种心理效应非常强大，即使我们有意识地想要矫正，通常还是做不到。"

我通常不建议在 PPT 提案中，一开始就把价格显示出来，毕竟你还没有让客户知道价值所在，所以价格放在后面处理会比较好一点。如果想要应用锚定效应的话，可以在前面或中场时，显示初次锚定点，并说明为什么是这个价格，然后在最后再说一遍这初次锚定点后，再显示真正的价格。

4-8

提案的最后，号召采取行动

完美的收尾，让更多客户采取你的提案

在 PPT 提案与销售提案收场的步骤中，我们提出选择方案让客户决定，也要公布收费标准让他觉得是公平交易，但是最重要的是最后呼唤客户采取行动，否则前面进行的 PPT 提案会无效收场。

人们对最后的信息记忆最强，这是所谓的新近效应（Recency effect），而威辛克认为经常复习或与旧有经验及知识产生连接能强化记忆。所以到了最后时刻，客户在整个 PPT 提案中，对最后几分钟印象最为深刻。所以我们要统合前面的重要论点，再一次提醒客户。

杜尔说："PPT 提案的结尾应该要主张你的想法不仅是可能的，而且还是正确的（更好的）选择。"

如何进行 PPT 提案的最后收尾

所以在号召客户行动中，你必须做到下面几个步骤。

＊再次强调主要论点

在"洞悉客户篇"中我们提过对项目记忆的局限是 7±2，但

是你可以在短时间内记住 5 项以上吗？其实大部分的人是无法记忆那么多项的，所以重提重点时最好不要超过 3 点，其他多余的好处，客户记不住也是没用。

＊提出美好境界

你要告诉观众停留在目前的状况会有多么糟糕与痛苦，记得客户来听 PPT 提案的目的是什么。这个目的能让他们改变现况，迈向美好的境界，这个境界才是客户想要的。

＊挂出安全保证

到最后还要加点力，让客户的风险降低，的确社会认同能让客户产生心理作用，以为风险会降低。如果我们能提供实质保证，则更能强化客户的购买信心。保证项目通常分两种：一种是企业运作，如质量、费用、作业、运送等；另外一种是客户使用方面，如健康、危险、伤害等。一些商业保证用词，如不满意全额退费，24 小时没送到送你 200 元，本产品投保 2000 万意外险等。

＊适度寻求回馈

以问句让客户回答，如“最后请教这个产品的优惠办法对你有没有帮助？”如果有正面回答，那是最好的，毕竟人们有一致的行为，往后不会推翻自己的认知。

＊建议客户采取的下一步骤

你要告知客户当场签约需什么步骤，或进入下一个流程需要准备什么。如“会场有我们穿制服的销售人员，你只要在现场签约旅游超值方案，我们给你 8 折优惠，只有今天，以后就没有这个价格”。SPIN 作者瑞克门认为这样的收场白要少用，如只剩今天、货送哪里、不买我就将产品卖给别人等。用这些有点威胁、强迫客户购买，说太多次，客户会不舒服。所以，讲一次就够了。

＊战胜客户问题的方法

整理问题数据库：以业务、营销方面来讲，不外乎几个问题点是客户比较有兴趣的，将这些问题点整理归类，如价格少一点、收费低一点、成本降一点，都是同样类型。我们可以依此类型想出回答的模式。

倾听客户的问题：不要戳破他的话，因为彼此的位置不同，所以认知也不同；不要打断他的话，尤其我们有时太过冲动，又充满产品知识。所以，会认为客户怎么会问这个问题呢？结果自己争辩赢了。但是，交易也飞了。记住客户关键用语，并重述问题再次确认，以免漏掉或误认。问题听完了，稳定一下情绪并思考解决方法。最好是结合客户的观点与重点用词回答，人喜欢特质类似的人，重复他的用词表示认同对方的问题，好感度会上升。

注意身体的语言：客户跟讲台可能有段距离。所以，当他举手时，你的手掌向上，四指并拢，手臂由内而外，由上而下，自然指向客户，顺便点头表示敬意。然后听他的问题时，手臂自然下垂，可以右脚向前一小步，身体微微前倾。接下来注视对方的双眼，微微点头，要有雄心勃勃、自信的感觉。切记！不要以单指或双指指向对方，双手交叉胸前或者斜视，这是不礼貌与防卫的态度。

＊运用这些语言技巧回答客户提问

Yes-If 法：Yes 是同意对方的意见，有人说要用 but。但是 but 的转折语不太好，有点反驳的意味。使用 if 是一种征求对方的意思，我们知道客户的问题在有限条件下或某个条件下是合理的，那表示有些是不合理的，我们赞同合理，当然我们要提出对不合理的看法。But 或 if 就是提出我们的看法。也可以用婉转语气，如“可否”“能不能”“您不介意的话”等等，征求对方的意见。如“你的眼光真是独到，马上就说到问题点，你取得的数据有点旧，那是一年前的，如果我提供你最新的运输计划，你会对我们的服务质量改观”。

感同身受法：“我用人格保证，我们产品的质量绝对没问题。”我们常常用这种方式回答客户对我们的质疑。但是，这种保证很难让客户相信，当然，我们可以提出许多证言、证据来加深客户的信任度。使用这句话会比较好：“如果我是你的话，我也会担忧品质。”讲这句话的目的是让自己与客户站在同一边，然后再提出自己的看法。

提高层级法：“我们不要卖化妆品而要卖青春美丽。”这就是提升更高层的概念。如果有人质疑你的安全气囊的话，你在证实安全气囊的安全性之外，也应该回答安全带比较重要，而小心驾驶更重要，如果不系安全带，又飙车，再安全、再多的安全气囊也没用。

反问法：有时客户会要求很多，你或许会让步一下，记得，要对方回馈一个相对让步才行。如果有人提出一个不合理的价格时，我们就可以回答：“这个价格超过我的授权范围，我必须回报我的上司，同意这个价格的机会应该不大。如果以这个价格，头批数量 3000，你会考虑进货吗？”让客户承诺，反正你已经说明公司同意这个价格有点困难，如果没有同意，客户心里早已有底了，而我们至少带了一个好的让步回去。反问也可以强化客户的思考，让他进一步确认另外一种想法。

比喻法：比喻最主要的是将抽象具体化，将深奥浅显化。如我们的产品品质就像磐石一样坚硬，不容差错，坚固耐用。

最后，不要忘了本书开头所说：PPT 提案，是要说服客户采取行动，并且解决客户问题，而本书教你的方法是让他们产生情感因素并快速采取行动，希望大家都能学到这些销售的科学方法，都能在下一次 PPT 提案时，达成成功的销售。